DONNEZ DU PEP
à vos RÉUNIONS

Les Éditions Transcontinental
1100, boul. René-Lévesque Ouest
24e étage
Montréal (Québec) H3B 4X9
Tél. : (514) 392-9000
        1 800 361-5479
www.livres.transcontinental.ca

Les Éditions de la Fondation de l'entrepreneurship
160, 76e Rue Est
Bureau 250
Charlesbourg (Québec) G1H 7H6
Tél. : (418) 646-1994
        1 800 661-2160
www.entrepreneurship.qc.ca

La collection *Entreprendre* est une initiative conjointe de la Fondation de l'entrepreneurship et des Éditions Transcontinental inc. afin de répondre aux besoins des futurs et des nouveaux entrepreneurs.

Distribution au Canada
Québec-Livres, 2185, Autoroute des Laurentides, Laval (Québec) H7S 1Z6
Tél. : (450) 687-1210 ou, sans frais,1 800 251-1210

Illustrations : Stéphane Giguère, Imagix

Révision et correction : Pascal Saint-Gelais et Lyne Roy

Mise en pages : Ateliers de typographie Collette inc.

Conception graphique de la couverture : Studio Andrée Robillard

La forme masculine non marquée désigne les femmes et les hommes.

Imprimé au Canada
© Rémy Gagné, Jean-Louis Langevin, 1995
Dépôt légal — 2e trimestre 1995
4e impression, avril 2002
Bibliothèque nationale du Québec
Bibliothèque nationale du Canada

ISBN 2-921681-10-2 (La Fondation)
ISBN 2-921030-81-0 (Les Éditions)

Nous reconnaissons, pour nos activités d'édition, l'aide financière du gouvernement
du Canada, par l'entremise du Programme d'aide au développement de l'industrie de l'édition
(PADIE), ainsi que celle du gouvernement du Québec (SODEC), par l'entremise du Programme
d'aide aux entreprises du livre et de l'édition spécialisée.

DONNEZ DU PEP
à vos RÉUNIONS
Pour une équipe performante

Rémy Gagné
Jean-Louis Langevin

Les Éditions
TRANSCONTINENTAL inc.

Fondation de
l'Entrepreneurship

FONDATION DE
l'entrepreneurship

La Fondation de l'entrepreneurship œuvre au développement économique et social en préconisant la multiplication d'entreprises capables de créer de l'emploi et de favoriser la richesse collective.

Elle cherche à dépister les personnes douées pour entreprendre et encourage les entrepreneurs à progresser en facilitant leur formation par la production d'ouvrages, la tenue de colloques ou de concours.

Son action s'étend à toutes les sphères de la société de façon à promouvoir un environnement favorable à la création et à l'expansion des entreprises.

La Fondation peut s'acquitter de sa mission grâce à l'expertise et au soutien financier de plusieurs organismes. Elle rend un hommage particulier à ses **partenaires** :

ses **associés gouvernementaux** :

et remercie ses **gouverneurs** :

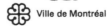

TABLE DES MATIÈRES

PRÉFACE

La Fondation de l'Entrepreneurship est fière de vous présenter le guide *Donnez du PEP à vos réunions* rédigé par deux praticiens reconnus, MM. Rémy Gagné et Jean-Louis Langevin, du cabinet-conseil en management et en développement organisationnel Le groupe Gagné Langevin inc.

Si nous attendions cet ouvrage avec autant d'impatience, c'est parce qu'il traite de défis que nos entreprises modernes doivent relever. En voici quelques-uns :

- la mobilisation des membres de l'organisation ;

- la nécessité du travail en équipe pour affronter la complexité croissante du monde des affaires ;

- la nécessité de productivité et de qualité totale pour la réussite à long terme de nos entreprises.

Il faut apprendre à travailler efficacement en équipe, et ce, d'une façon valorisante pour les participants. S'il existe une facette que nos organisations actuelles peuvent améliorer, c'est bien le travail en équipe.

Cet ouvrage arrive au moment opportun, car il répondra aux besoins des lecteurs les plus exigeants. En faisant appel à Jean-Louis Langevin et Rémy Gagné pour la rédaction de ce guide, la Fondation de l'Entrepreneurship ne pouvait s'adresser à des experts plus qualifiés.

Depuis bientôt trente-cinq ans, M. Rémy Gagné anime des groupes et organise des réunions non seulement au Canada, mais aussi dans plusieurs pays. Il est reconnu internationalement comme l'un des grands experts en matière de management et de développement organisationnel.

M. Jean-Louis Langevin, son associé, partage cette expertise et se caractérise par sa vivacité intellectuelle, sa perspicacité à comprendre les situations et son travail acharné. Les deux auteurs s'expriment avec aisance et présentent les solutions dans un style simple et clair. Ils nous révèlent le plaisir des réunions et nous invitent à prendre part au jeu.

Paul-A. Fortin
Président-directeur général
Fondation de l'Entrepreneurship

AVANT-PROPOS

L'ouvrage *Donnez du PEP à vos réunions* s'ajoute à la collection Entreprendre de la Fondation de l'Entrepreneurship, dont le mandat consiste à promouvoir l'esprit entrepreneurial au Québec. Les conseils et les exercices de ce guide vous feront épargner un temps précieux, tout en améliorant l'efficacité de vos réunions et le climat de travail.

Rares sont les personnes qui n'ont jamais assisté à une réunion de comité. Certaines considèrent ces assemblées indispensables et y trouvent leur compte, alors que d'autres les jugent peu efficaces et toujours trop longues. Que ce soit pour parler affaires, pour organiser des événements spéciaux ou pour collaborer à un projet spécifique, nous avons tous eu l'occasion d'apprécier ou de détester ces rencontres formalistes. Le monde des affaires favorise le travail d'équipe, et les réunions y sont particulièrement fréquentes.

L'ouverture extraordinaire des marchés s'est accompagnée d'une concurrence accrue. La technologie de pointe a envahi les centres de production, et les relations humaines connaissent une transformation encore plus profonde. La communication est devenue l'un des principaux éléments de la gestion. Aucune organisation n'échappe à cette évolution ultra-rapide.

Tout chef d'entreprise, directeur d'organisme, président d'association doit non seulement communiquer avec ses pairs, mais aussi avec les différents niveaux de personnel sous sa responsabilité. Ces réunions, formelles ou non, permettent également au dirigeant d'entreprise d'accéder à de nouveaux contacts et réseaux.

La communication efficace exige de se porter à l'écoute des autres, de favoriser les échanges de points de vue, d'émettre des opinions et de s'efforcer d'arriver à des consensus, à des décisions. La réunion efficace comporte tout ce processus et aboutit à des conclusions, des directives ou des plans d'action.

Considérons, par exemple, la réunion du conseil d'administration d'une entreprise. Les membres représentent les actionnaires. Ils ont été nommés à cette fonction parce qu'ils sont propriétaires d'une partie de l'entreprise ou parce qu'ils sont compétents dans leur domaine. Le président a convoqué l'assemblée pour prendre des décisions. Tout au long de la réunion, au fur et à mesure que les différents sujets sont soumis pour étude, les participants font appel à leurs connaissances personnelles, se référant au besoin à des consultations récentes ou à des rapports d'études. Les questions sont débattues jusqu'au moment où les opinions s'orientent vers un certain consensus.

Les réunions du comité des parents de l'école, du comité d'étude pour la réouverture de l'usine ou du comité pour l'élection d'un candidat vedette présentent toutes des traits communs. Généralement, ce qui les distingue les unes des autres, c'est l'importance de la responsabilité civile propre à chaque situation.

Ce guide s'adresse donc à toute personne déjà initiée au déroulement de réunions, mais qui veut accroître l'efficacité des réunions auxquelles elle participe, tout en favorisant la satisfaction des autres participants. Ce guide pratique vous aidera à cerner le rôle et les attentes de chacun des membres de votre équipe. De plus, il vous expliquera en détail comment établir des ordres du jour et rédiger des comptes rendus, le tout complété par des techniques d'animation qui ont fait leurs preuves.

C'est une lecture qui s'effectue crayon en main !

Monique Dubuc
Fondation de l'Entrepreneurship

À nous de jouer

La conduite d'une réunion efficace !

On pourrait sans doute monter une pile de livres, de brochures, d'articles publiés sur ce sujet.

Et pourtant, nous sentons le besoin d'y revenir, à notre manière, en nous plaçant dans le siège du manager qui doit piloter des réunions de travail presque quotidiennement. Il veut rentabiliser ses réunions le plus possible.

Il veut savoir s'il fait bien, s'il peut faire mieux. Il recherche des formules éprouvées, des outils performants, des modes d'emploi simples.

Ce livre vous présente une façon de conduire des réunions que nous avons validée auprès de centaines de managers en séminaire de formation et que nos clients se sont appropriés avec succès.

Notre idée « géniale », car il nous en fallait une, cher manager, pour vous inciter à nous accompagner dans cette réflexion, consiste donc à vous mettre dans le coup avec votre équipe.

Ne soyez donc pas surpris de devoir conclure chaque chapitre par un exercice de mise en pratique que vous pourrez partager avec vos collaborateurs et collaboratrices...

Pas reposant ce bouquin !

CHAPITRE 1

LE PLAISIR DE TRAVAILLER EN

équipe

Le travail d'équipe est une affaire de confiance, de technique et de discipline de la part des membres de l'équipe.

La performance réelle ou perçue d'une réunion n'est pas toujours à la mesure du temps et des énergies que nous y consacrons.

La « réunionite », comme on l'appelle, se manifeste de plusieurs manières si l'on en croit les commentaires que nous entendons souvent :

- « Ce fut une réunion de deux heures que nous aurions pu tenir en 20 minutes si nous avions été efficaces. »

- « Je passe tellement de temps en réunion que je n'ai plus le temps de travailler ! »

- « Comment voulez-vous qu'un groupe de 22 personnes décide quoi que ce soit ? »

- « Il est à peu près impossible de trouver une date où tout le monde est disponible en même temps. »

- « Savez-vous ce qu'est un chameau ? C'est un cheval dessiné par un comité ! »

- « Tout était emballé d'avance. Nous étions là pour cautionner... »

Le TRAVAIL D'ÉQUIPE devient un plaisir renouvelé à chaque rencontre lorsque :

- la tâche à accomplir est claire et précise pour tous ;

- les processus de travail et d'animation sont connus et respectés ;

- les relations entre les personnes sont gérées ouvertement et simplement ;

- les résultats sont immédiats et reconnus.

Par contre, le TRAVAIL D'ÉQUIPE peut devenir une corvée si :

- chacun des membres ne partage pas la même vision du résultat recherché, c'est-à-dire le produit fini à livrer à chaque étape et en bout de course ;

- aucun leader ne se manifeste ou n'est reconnu par le groupe ;

- chacun adopte ses propres règles de conduite et les applique à sa convenance ;

- personne ne se préoccupe de l'utilisation productive du temps ;

- les processus de travail ne sont pas connus ou ne sont pas utilisés ;

- l'objet de la discussion sert de prétexte à des « règlements de comptes » entre deux ou plusieurs individus.

Vous connaissez sans doute des équipes de travail où l'on se pourfend de rires et de taquineries, malgré un ordre du jour hyperchargé où tous les points sont traités à la satisfaction de tous. Le rire et le plaisir sont parfois débridés à l'enseigne d'une grande confiance mutuelle. Cela n'empêche pas le groupe de garder le cap sur les objectifs. Chacun peut, à tout moment, rappeler le groupe à l'ordre, en invoquant le résultat à produire ou une règle du jeu, sans que ce geste soit perçu comme une tentative de prise de pouvoir ou d'importance.

Il est possible de parvenir à un tel climat si on le souhaite. Il s'agit de savoir le créer et d'accepter d'être continuellement en situation de parfaire sa propre efficacité personnelle et celle de l'équipe.

Vous aurez beaucoup de plaisir à travailler en équipe si vous gérez les éléments suivants :

1. la compréhension claire de la qualité du travail en équipe ;
2. les contributions spécifiques de chacun des membres ;
3. le calendrier des rencontres ;
4. l'ordre du jour ;
5. les comptes rendus ;
6. les pratiques d'animation efficaces dans l'équipe ;
7. les règles de fonctionnement du groupe.

Pourquoi ne pas faire de ces éléments des objectifs ?

■ *À nous de jouer :* NOS OBJECTIFS

Cochez le ou les objectifs proposés qui correspondent le plus à vos attentes par rapport à vos réunions d'équipe.

	PEU	MOYEN	BEAUCOUP
1. Un engagement sur votre fonctionnement en équipe.			
2. Un profil des contributions spécifiques de chacun des membres.			
3. Le calendrier des prochaines rencontres.			
4. L'ordre du jour de vos prochaines rencontres, précisant les clients, les produits et les niveaux d'implication.			
5. Les spécifications des comptes rendus à produire.			
6. Un inventaire des pratiques d'animation efficaces dans l'équipe.			
7. Une occasion d'explorer diverses facettes de l'animation du groupe.			
8. Des règles de fonctionnement du groupe.			

TOUS POUR CELA !

Notre équipe est le maillon d'une chaîne de production. En aval, il y a les clients et, en amont, les fournisseurs. Elle a un rôle spécifique à jouer de par sa mission.

Il importe, au départ, de bien définir le mandat collectif du groupe, sa raison d'être. Ce mandat se précise au fil des rencontres en fonction des objectifs et des ordres du jour.

Plus précisément, pourquoi travailler en équipe? Il y a des avantages et des inconvénients qu'il faut gérer, mais encore faut-il les connaître.

Quels avantages voulez-vous tirer du travail d'équipe? Quels inconvénients ou difficultés y trouvez-vous? Nous vous invitons à répondre à ces questions et à clarifier vos perceptions.

Le travail d'équipe

AVANTAGES	INCONVÉNIENTS

Comment entendez-vous gérer vos réunions de façon à en tirer le plus grand bénéfice? Identifiez les cinq principales mesures que vous recommandez.

1. _____

_____

2. _____

_____

3. _____

_____

4. _____

_____

5. _____

_____

CHAPITRE 2

LA **CONTRIBUTION** DE **CHACUN**

Vous avez entendu parler de cet individu qui ne peut regarder une partie de football américain à la télévision ? Lorsque les joueurs se réunissent en cercle avant un essai, il est convaincu qu'ils parlent de lui.

Il y a des gens, dans nos entreprises, qui se sentent fort mal à l'aise de ne pas participer à une réunion de collègues. Cela leur apparaît comme une sorte de désaveu d'influence.

C'est l'un des facteurs qui explique la présence de certaines personnes à une réunion donnée, alors que toutes les autres se demandent ce qu'elles y font.

Il arrive même que nous questionnions notre propre participation, mais nous le faisons souvent une fois engagé dans la rencontre ou après celle-ci.

QUI SERA LÀ ?

La composition d'un groupe de travail ou d'une équipe pourrait se définir comme **un ensemble de personnes réunies pour réaliser un mandat précis**. Aussi, peut-on avoir une composition à géométrie variable. Constitué d'un noyau de base prédéterminé, selon les résultats à produire et l'expertise requise, le groupe peut réunir un nombre moindre ou plus élevé de personnes que son noyau constitutif. C'est le cas du comité de direction composé de sept personnes qui invitent des cadres supérieurs à se joindre au groupe pour y apporter leur expertise.

La prise en charge de l'évolution d'un sujet donné peut être confiée à un membre de l'équipe ou, occasionnellement, à des personnes extérieures apportant une contribution spécifique et distincte.

Pour que les membres habituels du groupe acceptent aisément cette géométrie variable, quatre conditions doivent être réunies :

1. le ou les sujets à l'ordre du jour sont connus à l'avance ;
2. la contribution spécifique de chaque personne est explicitement identifiée ;
3. le fonctionnement du groupe est à l'enseigne de la confiance et de la complémentarité ;
4. l'information des personnes qui se sentent concernées est transmise, complète et répond à leurs besoins.

DES CONTRIBUTIONS SPÉCIFIQUES

Chaque membre d'une équipe dispose d'une expertise et apporte des contributions soutenues ou momentanées qui lui sont reconnues par les autres. Pour reconnaître dans l'action cette expertise et ces contributions, il s'agit de regarder :

- qui l'on consulte sur un sujet ou un thème donné ;
- vers qui les regards se tournent en réunion :
  - lorsqu'on cherche une confirmation de ce qui vient d'être dit ;
  - lorsqu'on attend une intervention ou un geste particulier à un moment important ou opportun ;
  - lorsqu'on cherche une solution à un problème particulier ;
- à qui l'on confie habituellement tel ou tel mandat ou travail à réaliser.

Un animateur chevronné nous a rapporté l'anecdote suivante : «Je me souviens d'une équipe réunissant des professionnels et le personnel de bureau dans une rencontre de deux jours, dont une partie est consacrée au fonctionnement de l'équipe. Il y a là une personne qui n'a pas soufflé un mot depuis le début de la rencontre. Au bout d'un moment, je m'aperçois qu'à chaque point qui fait l'objet d'un désaccord, tout le groupe regarde cette personne.

Finalement mes observations m'amènent au constat suivant : cette personne adopte deux positions corporelles pour faire connaître son opinion sans qu'elle ait besoin de verbaliser son message.

- Les deux bras bien posés devant elle sur la table de travail signifient : "Continuez, vous êtes bien dans le sujet."

- Les bras croisés sont interprétés par le groupe comme un désaveu de ce qui se passe. »

Selon le rôle que les membres du groupe lui reconnaissent, la contribution de cette personne consiste essentiellement à valider la pertinence du propos. Son gestuel véhicule son message. Les initiés du groupe en ont décodé le sens.

Le nombre d'interventions sur le contenu de la discussion n'est pas le seul critère à retenir pour évaluer la contribution d'un individu au groupe. La qualité de l'intervention, soit sa pertinence, sa clarté et sa créativité, donne davantage de poids.

En réalité, chaque membre du groupe apporte sa contribution sur un ou plusieurs des plans que sont : la TÂCHE, le PROCESSUS, les RELATIONS.

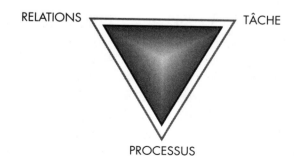

RELATIONS — TÂCHE

PROCESSUS

24

Sur le plan de la tâche

La tâche, c'est l'objet, le contenu du travail à faire, le mandat à accomplir sous différentes formes :

- le résultat, l'objectif à atteindre ;
- le problème à résoudre ;
- l'action à entreprendre.

Chacun, par son expérience, sa formation ou son rôle, possède une expertise particulière et profitable au groupe. Toutefois, cette expertise n'est pas toujours mise à contribution pour différentes raisons :

1) par modestie, timidité ou autres raisons personnelles, une personne s'abstient de faire part de ses connaissances ou de son expérience ;

2) au lieu de recourir à l'expertise d'autrui, certaines personnes cherchent plutôt à acquérir ou à tenter de démontrer une expertise similaire (« Je peux faire cela moi-même » ou « Moi aussi je peux devenir aussi bon que toi ») ;

3) d'autres personnes, dérangées par les comportements d'un individu, préfèrent se passer de son expertise plutôt que de clarifier leurs attentes avec lui ;

4) certains croient, à tort, que le pouvoir réside dans la rétention de l'information, alors que le véritable pouvoir d'influence vient de l'utilisation de ses connaissances mises clairement au service des autres.

Nos observations des groupes de travail confirment que la **compétition** entre les membres joue en défaveur du groupe. Elle génère des malaises, des blocages et parfois des conflits qui peuvent paralyser le fonctionnement et l'efficacité du groupe.

Au contraire, la **complémentarité**, parce qu'elle consiste à reconnaître et à utiliser toutes les ressources disponibles, permet au groupe, ainsi qu'à chacun de ses membres, d'être plus efficace et performant.

L'accomplissement du mandat et l'atteinte des objectifs demeurent les premiers critères de performance d'une équipe de travail. **C'est sa raison d'être**.

Sur le plan du processus

Le deuxième plan, où les membres peuvent apporter leur contribution, comporte différents éléments reliés au processus, c'est-à-dire aux façons de faire :

- le mode de fonctionnement ;
- le savoir-faire ;
- les étapes de réalisation ;
- l'ordre des activités ;
- la procédure ;
- les règles du jeu.

Certaines personnes sont de véritables expertes en méthodologie du travail. Face à un objectif, elles voient tout de suite les étapes à franchir. D'instinct ou d'expérience, elles savent dans quel ordre les activités doivent être menées.

D'autres sont les gardiennes de la discipline intellectuelle. Elles nous rappellent à l'ordre en nous indiquant là où nous en sommes dans la démarche :

> « Attention, nous mettons la charrue devant les bœufs ! Avant de passer à cette étape, nous devons d'abord... à moins de changer ce dont nous avions convenu. »

Le rôle de ces personnes est fort apprécié quand la tâche est complexe ou inhabituelle.

Elles aident le groupe à voir clair, à reconnaître son mode de fonctionnement et à situer tous les membres à la même étape.

L'efficacité d'un groupe de travail dépend largement de sa capacité de se doter d'une méthode de travail simple, opérationnelle, doublée de règles de fonctionnement respectées par tous.

Sur le plan des relations

Le troisième plan des contributions, celui des relations, couvre tous les aspects qui concernent le climat et les échanges entre les membres du groupe :

- la confiance ;
- le respect des autres et des différences ;
- les modes de communication ;
- le pouvoir d'influence.

Heureux le groupe qui compte au moins une personne ayant le don de faciliter et de favoriser les échanges, de gérer les divergences, de rassembler les opinions, de dégager des consensus, de déclencher un fou rire général !

Soucieuse de recueillir l'opinion des uns et des autres, la « personne relationnelle » se préoccupe de la participation active des membres et de la complémentarité des rôles.

Constamment attentive à l'interlocuteur lorsqu'il s'exprime (elle le regarde, acquiesce), elle mobilise l'attention des personnes pour s'en faire des alliés.

Elle s'assure que l'intervenant complète sa pensée et ne laisse pas l'équipe sur un sous-entendu qui pourrait être mal interprété.

La vie et la performance d'une équipe passent d'abord par des personnes qui, au-delà de leur rôle et de leurs compétences, manifestent un grand respect de l'autre, une écoute attentive et beaucoup de disponibilité de cœur.

Si chaque membre de l'équipe intervient à l'occasion sur les deux autres plans, il est toutefois reconnu que chacun privilégie le type de contribution qui lui donne le plus de crédibilité, le plus de pouvoir d'influence. D'où l'importance de gérer la synergie positive du groupe fondée sur la complémentarité des rôles.

■ *À nous de jouer :*
NOS CONTRIBUTIONS SPÉCIFIQUES

Le point

Votre équipe est composée de gens qui apportent leurs contributions spécifiques, de façon continue ou sporadique. Dans ce qui suit, vous aurez l'occasion de préciser ces contributions des uns et des autres sur les plans de la tâche, du processus et des relations.

L'objectif

Que chaque membre de l'équipe ait une liste des contributions spécifiques à la tâche, au processus ou aux relations que les autres lui reconnaissent.

L'activité

1. À l'aide de la grille de travail intitulée *Nos contributions spécifiques dans l'équipe*, identifiez les contributions que vous reconnaissez à chacun des membres sur les plans de la tâche, du processus ou des relations.

   Une même personne peut avoir plus d'une contribution sur plusieurs plans. Faites une phrase complète pour décrire le mieux possible cette contribution.

   Exemple :

   « Voilà un élément dont il faut tenir compte dans notre décision. » (Tâche)
   « Vous avez raison de revenir sur ce point. Nous l'avons escamoté. » (Processus)
   « Votre tour de table, fait à un moment propice, facilite la prise de décisions. » (Relations)

2. Une fois votre liste complétée individuellement, rencontrez chaque membre pour lui communiquer les contributions que vous lui reconnaissez.

3. À l'aide de la grille intitulée *Les contributions spécifiques que l'on me reconnaît,* prenez note des contributions que vos coéquipiers vous ont reconnues.

4. Il est largement souhaitable que tous les membres de l'équipe connaissent les contributions attribuées à chacun. Trois options s'offrent à vous :

   a. Une fois la liste complétée (étape 1), tous les coéquipiers énoncent à haute voix les contributions d'une même personne.

   b. Après avoir recueilli les contributions que les coéquipiers lui ont communiquées (étape 3), chacun fait à haute voix la lecture des contributions qu'on lui reconnaît.

   c. Après les échanges individuels ayant permis à chacun de compléter sa liste, les uns et les autres voient la liste de tous les membres, ajoutant, au besoin, leur propre perception.

Les ressources

1. Les grilles de travail

2. Votre connaissance des membres du groupe

Nos contributions spécifiques dans l'équipe

MEMBRES DE L'ÉQUIPE	CONTRIBUTIONS	PLAN (T/P/R)*

* T : tâche, P : processus, R : relations

Les contributions spécifiques que l'on me reconnaît

NOM : _____

TÂCHE

_____
_____
_____
_____
_____
_____
_____
_____

PROCESSUS

_____
_____
_____
_____
_____
_____
_____

RELATIONS

_____
_____
_____
_____
_____
_____
_____

CHAPITRE 3

UNE réunion BIEN PRÉPARÉE

Une réunion réussie se termine généralement avec le sentiment partagé du devoir accompli et la fierté des résultats obtenus. Sa planification et sa préparation, qui consistent à clarifier les objectifs, le processus et les règles du jeu, ont un impact immédiat sur le déroulement de la réunion et la performance des personnes.

Planifier la rencontre comporte plusieurs éléments, dont le choix du moment, la connaissance du contenu ainsi que l'information documentaire pertinente au traitement des sujets à l'ordre du jour.

UN CALENDRIER DES RÉUNIONS

Chaque membre d'une équipe occupe un poste avec ses exigences spécifiques, en fonction desquelles il gère ses activités quotidiennes. Il est souvent difficile de trouver un moment où tout le monde est disponible, à court terme du moins.

Les rencontres que l'on doit tenir à brûle-pourpoint, devant une situation imprévue, ont l'urgence comme facteur de ralliement.

Les réunions prévisibles à plus long terme profitent de la plus grande disponibilité des participants.

Les réunions quotidiennes sont les plus difficiles à situer dans le temps.

Personne, sauf quelques exceptions, n'aime passer tout son temps en réunion, mais nous savons tous que la concertation fait partie du travail. Nous agissons souvent comme si elle s'ajoutait à notre tâche, sans en voir l'utilité et la pertinence.

Vous vous plaignez de ne pas avoir le temps de faire votre travail puisque vous passez deux jours par semaine en réunion. Si on vous demande depuis combien de temps cela dure-t-il, vous répondez : « Depuis dix ans. »

Votre travail consiste à participer à des réunions 2 jours sur 5. Depuis toutes ces années, vous entretenez le sentiment que chaque réunion est un « plus ». Vous ne voyez que le sujet des rencontres et non le fondement de ces rencontres inhérentes à votre fonction.

Votre équipe travaille sur une base régulière. Vous vous réunissez périodiquement pour maintenir à jour la gestion et la coordination d'un ensemble de dimensions, de la planification jusqu'à l'examen et l'entretien du fonctionnement de votre équipe, notamment en ce qui concerne la coordination.

Votre groupe entreprend l'étude d'un problème particulier pour une période prolongée ?

Déterminez à l'avance le calendrier des réunions pour la période la plus longue que vous pouvez.

Les conseils d'administration ou les comités de direction des grandes entreprises établissent, en début d'année, le programme de réunions pour l'année entière.

Chacun des membres du groupe inscrit dans son agenda ces rencontres prioritaires. Le reste de leurs activités trouve place en dehors de ces moments prédéterminés.

Il est difficile, direz-vous, de prévoir les sujets à traiter à chaque réunion ainsi planifiée !

Ne vous inquiétez pas. Si une réunion statutaire n'est pas opportune, tout le monde se réjouira de son annulation... Il s'agira là d'une excellente occasion de récupérer du travail en retard, d'approfondir un sujet ou de vaquer à une activité personnelle mise au rancart faute de temps.

En management, les pages blanches n'existent pas ! Le manager efficace ne connaît pas le vacuum du temps.

Le moment

En observant votre situation d'équipe, vous remarquez que vos clients ont des moments privilégiés pour requérir votre disponibilité.

Certaines équipes sont mobilisées le lundi, au retour de la fin de semaine. D'autres groupes, au contraire, sont convoqués le vendredi.

Le lundi, on arrive ; le vendredi, on part ! Excluons ces journées ! Par ailleurs, un autre jour de la semaine, en après-midi, montre une nette diminution du nombre et du niveau des « urgences ». On peut donc y placer une réunion compatible avec le calendrier de la majorité.

La fréquence

La fréquence de ces rencontres statutaires est directement reliée à la nature des activités de l'équipe.

Des équipes se réunissent tous les jours, durant une heure, pour faire le point et planifier le jour suivant. D'autres n'auront besoin que d'une réunion bimensuelle.

Certaines ne se réunissent jamais. Peut-on alors parler d'équipe ? Il serait plus juste de dire : « Le maître et ses disciples... »

Le management participatif mise sur le travail d'équipe. La réunion devient donc un outil indispensable.

À vous de trouver la fréquence qui vous convient, en sachant qu'il est plus facile à l'usage de diminuer le nombre ou la durée des réunions que de l'augmenter une fois l'habitude prise.

Quelques recettes

Certains chefs « ratoureux » ont l'habitude de tenir leurs réunions le vendredi, sachant que c'est le temps propice pour faire passer leurs idées et imposer leurs choix. Tout le monde rêve de partir tôt et craint le prolongement de la session. « Surtout pas de questions ! »

Dans le même style, des managers ont systématiquement institué la réunion qui débute à 11 heures, comptant sur la faim des participants pour qu'elle prenne fin avant 13 heures. Même stratégie pour la réunion qui débute à 16 heures.

Tout le monde connaît ou devine ces trucs astucieux, et les victimes réagissent habituellement par le silence ou la subtile obstruction qui fait que chacun y perd son temps.

Il y a aussi la contrepartie, soit des membres qui étirent la discussion pour faire perdre le temps de tous ou encore pour paralyser le processus décisionnel.

En observant certaines équipes, nous relevons des façons de faire particulièrement efficaces :

- une réunion par semaine, la plupart du temps le mardi en matinée ;
- la réunion dure deux heures, au maximum ;
- un ordre du jour réaliste est envoyé au préalable aux membres ;
- les décisions et les noms des responsables de leur exécution sont notés ;
- tous les membres concernés par le sujet ont préparé leur contribution ;
- le climat de bonne humeur ne cède rien au stress malsain ;
- les désaccords se règlent sur-le-champ ou sont reportés s'ils ne concernent pas le groupe ;
- chaque membre dispose de son dossier de travail ;

- une discipline rigoureuse est la règle d'or ;
- aucun dérangement n'est toléré durant la rencontre ;
- la rencontre débute et se termine à l'heure convenue ;
- les absents font connaître leurs raisons au responsable ;
- un membre a le mandat de les informer du contenu de la discussion.

■ À nous de jouer :
LE CALENDRIER DE NOS RÉUNIONS

Le point

« L'imprévu n'est pas ce qui n'est pas prévu. C'est ce qui reste quand tout a été prévu. » Pour faciliter votre planification personnelle et celle de vos coéquipiers, il est préférable d'établir à l'avance le calendrier de vos rencontres. Vous constaterez qu'il est plus facile d'annuler une rencontre fixée que de trouver une nouvelle date de rencontre qui convient à tout le monde.

L'objectif

Que chacun ait le calendrier des rencontres de l'équipe pour la prochaine année.

L'activité

1. À l'aide de la grille de travail intitulée *Le calendrier de nos réunions*, précisez dès maintenant le jour, la date, la durée et le lieu de vos rencontres au cours de la prochaine année ou de la plus longue période de temps qu'il vous est possible de planifier.

2. Précisez tous les renseignements que vous pouvez déterminer à ce moment-ci (endroit, durée, etc.), quitte à les modifier en cours de route.

3. Assurez-vous d'afficher cette liste et de voir à ce que chacun l'ait transcrite dans son agenda.

Les ressources

1. La grille de travail
2. Votre agenda

Le calendrier de nos réunions

NATURE DE LA RENCONTRE	DATE	HEURE	ENDROIT

L'ORDRE DU JOUR

Les réunions qui s'éternisent ou au cours desquelles on s'ennuie ont souvent une cause toute simple : les participants ne jouent pas tous la même partie ! Voici pourquoi.

- Aucun ordre du jour n'est disponible, de sorte que chacun découvre le sujet au fil de la discussion entamée.

- Il existe un ordre du jour, mais l'énoncé des sujets laisse place à toutes les interprétations.

- Même si l'on connaît le sujet, on ne connaît pas toujours son importance dans l'esprit des autres ni les actions qui devraient en découler.

- On ne connaît pas le degré d'implication attendu de la part de chacun ni leur contribution.

L'ordre du jour n'est donc pas une FORMALITÉ, mais un OUTIL NÉCESSAIRE.

Le menu d'abord

Entreprendre une réunion sans ordre du jour, c'est comme piloter un avion sans plan de vol. Tous les égarements deviennent possibles.

Chacun tente alors de présenter le sujet qui le préoccupe. Il consacre plus d'énergie à positionner son propos qu'à contribuer à celui de quelqu'un d'autre. Certains vont même jusqu'à discuter de leur préoccupation en faisant du *surfing* sur le sujet d'un autre !

Il est donc nécessaire de débuter par la mise au point de l'ordre du jour.

Il est plus efficace de publier l'ordre du jour avant la rencontre, de préférence deux ou trois jours à l'avance.

Chacun a ainsi l'occasion de se préparer, voire de décider que sa contribution n'est pas requise et d'informer le responsable de son absence.

Mieux encore, il arrive très souvent que l'on connaisse déjà, à la fin d'une rencontre, le contenu de la prochaine réunion. Pourquoi ne pas terminer cette rencontre en esquissant l'ordre du jour de cette prochaine réunion ?

Un ordre du jour est un outil de travail dynamique. En ce sens, il peut être modifié à volonté, avant et au cours d'une rencontre. La seule règle à respecter est de s'assurer que toutes les personnes concernées aient l'information.

Ceux qui disposent d'un système de courrier électronique en réseau peuvent mettre les participants à contribution dans l'élaboration du menu. Il importe cependant que quelqu'un ait le mandat de coordonner les réunions, d'établir les priorités et de rejeter les sujets inopportuns.

L'avis de convocation

L'ordre du jour est publié dans l'avis de convocation que recevront les personnes invitées à participer à une réunion.

Nous avons tous reçu, un jour ou l'autre, un avis de convocation pour l'assemblée générale annuelle d'une association dont nous faisons partie... par choix ou par défaut. Les parents d'élèves, par exemple, reçoivent chaque année l'avis de convocation du comité de parents de l'école que fréquentent leurs enfants.

À peu près tous ces avis de convocation empruntent la forme de l'exemple de la page suivante.

Le point 4 de cet ordre du jour indique clairement qu'il faudra compléter le « menu » en présence des participants qui voudront y ajouter leur point d'intérêt.

(*Exemple* de l'Association des auteurs)

AUTEURS DU QUÉBEC

AVIS DE CONVOCATION À
L'ASSEMBLÉE GÉNÉRALE ANNUELLE DES MEMBRES

L'assemblée générale annuelle des membres de L'ASSOCIATION QUÉBÉCOISE DES AUTEURS (la « Corporation ») sera tenue au salon Ritz du premier étage de l'Hôtel Ritz-Carlton-Kempinski, 1228, rue Sherbrooke Ouest, Montréal (Québec), le jeudi 9 juin, à 17 h, et ce, pour les fins suivantes :

1- recevoir les états financiers de la Corporation ainsi que le rapport des vérificateurs pour l'exercice terminé le 31 mars 1994 ;

2- élire sept des quinze administrateurs de la Corporation ;*

3- nommer les vérificateurs et autoriser les administrateurs à fixer leur rémunération ;

4- traiter de tout autre point pouvant être dûment soumis à l'assemblée ou à tout ajournement de celle-ci.

* Selon les règlements de la Corporation, la durée du mandat de chaque administrateur est de deux ans à compter de la date de son élection ; le mandat de sept des administrateurs se termine à cette troisième assemblée générale annuelle.

Les états financiers de la Corporation et les mises en candidature, s'il y a lieu, seront transmis aux membres avant la tenue de l'assemblée.

PAR ORDRE DU CONSEIL
D'ADMINISTRATION

_____

Jean Lepage, président

Montréal, le 20 mai 1994

Examinons un autre type d'ordre du jour qui convient davantage à une réunion à l'interne. Il s'agit d'une grande entreprise manufacturière qui a décidé de produire un document audiovisuel, afin de communiquer à son personnel ses grands défis et les enjeux du contrat international signé récemment. La réunion, commandée par le Service des communications, regroupe les personnes impliquées dans la production de ce document.

Défi 2000
SERVICE DES COMMUNICATIONS

Réunion de production – étape 2
Le jeudi 9 mars 1994, à 14 h (salle 1444)

– ORDRE DU JOUR –

1. Vérifier les objectifs et le plan d'action de la production;
2. Définir la clientèle ;
3. Modifier et approuver le synopsis proposé ;
4. Convenir du contenu des entrevues et des personnes à interviewer ;
5. Terminer le budget et l'échéancier ;
6. Trouver l'équipement.

Tout un programme ! Pour peu que les gens réunis soient passionnés par ce projet et fort créatifs, on peut s'attendre à une réunion dense et animée.

Comme cette rencontre rassemble à la fois des « artistes » et des « administrateurs », on peut s'attendre à une profusion d'idées et de solutions. L'ordre du jour nous laisse entrevoir une gamme de sujets qui passionneront à tour de rôle les uns et les autres.

Comment les aider à travailler ensemble, dans la même direction en même temps et avec un minimum de discipline ?

Les produits et les clients

Lorsque des personnes se réunissent pour travailler, la chose la plus importante dont elles ont besoin, c'est de connaître le résultat recherché au terme de la période prévue.

Autrement dit, un groupe est beaucoup plus efficace si chaque membre peut, au départ, visualiser concrètement le produit et son utilité, ainsi que le travail que le groupe doit livrer à la fin de la réunion. Il peut, bien sûr, y avoir plus d'un produit à réaliser dans une même rencontre.

Pour orienter les participants vers ce but, il est préférable que l'ordre du jour soit explicite.

La présentation la plus efficace d'un ordre du jour est celle qui spécifie le sujet non par le titre d'un thème de discussion, mais par la désignation du client et du produit à lui livrer.

L'ordre du jour indique donc **QUI** a besoin de **QUOI**.

Vous trouverez, à la page suivante, l'ordre du jour précédent qui présente maintenant les produits et les clients.

Le degré de participation

Un des phénomènes qui ralentit substantiellement une réunion est l'interprétation variée des uns et des autres du degré de participation qu'on attend d'eux et de la nature de leur contribution.

Un sujet est abordé à la seule fin d'en **informer** les membres du groupe. Mais voilà que deux ou trois personnes commencent à poser toute une série de questions, à discuter du bien-fondé de telle ou telle solution, à donner leur avis, à s'interroger... Les autres membres, soucieux d'éclairer leurs partenaires que l'information semble mettre en déséquilibre, se mettent de la partie

Défi 2000
SERVICE DES COMMUNICATIONS

Réunion de production – étape 2
Le jeudi 9 mars 1994, à 14 h (salle 1444)

– ORDRE DU JOUR –

CLIENTS	PRODUITS
Membres de l'équipe	• Rappel des objectifs de la production • Validation du plan d'action
Scénariste	• Caractéristiques de la clientèle visée • Approbation et modification du synopsis proposé • Messages à mettre en évidence • Validation de la chronologie des événements historiques à rappeler
Producteur	• Approbation du budget soumis • Validation de l'échéancier
Réalisateur	• Propositions de noms d'employés à interviewer • Liste des appareils du Service des communications disponibles pour le tournage • Dates de disponibilité des conseillers affectés au pilotage dans l'entreprise des équipes de tournage

pour tenter, par leurs explications, de rassurer leurs collègues. On s'éternise, et l'échange prend des proportions imprévisibles.

En fait, ces personnes ont fort probablement interprété qu'il y avait une décision à prendre sur le sujet présenté. Comme elles désirent influencer cette décision de façon engagée et complète, elles se sont donc inscrites dans un processus visant à recueillir le maximum de données.

Le degré de participation perçu (une décision à prendre) est fort différent du degré de participation attendu (la réception d'une information).

On retrouve le même phénomène lorsque quelqu'un demande l'avis des autres. Après plusieurs échanges, le décideur a beau laisser entendre qu'il a reçu tous les avis dont il avait besoin, la discussion se poursuit, encore une fois, comme si chacun avait à prendre la décision.

L'inverse s'observe tout autant. Le patron communique une information pour que l'équipe prenne une décision qui ne vient pas. Chacun reçoit l'information comme si elle ne le concernait pas. « Décide, chef ! »

Le degré de participation se situe toujours à l'un ou l'autre des trois niveaux suivants.

L'information (I)

Notre rôle consiste ici à recevoir ou à transmettre une information. Notre responsabilité se limite donc à l'enregistrement de l'information, si nous sommes récepteurs, ou à la qualité de l'information transmise, si nous sommes émetteurs.

La consultation (C)

Lorsque nous sommes consultés, notre rôle consiste à mettre au service du décideur, les avis, les conseils et les recommandations issus de notre expertise. Notre responsabilité est plus élevée, car non seulement nous devons assumer la qualité de notre avis, mais nous devons aussi tenir compte des autres avis formulés pour ajuster ou positionner notre propre opinion.

C'est sur le décideur que porte la responsabilité de la décision. En ce sens, c'est à lui qu'incombe le rôle de rechercher les avis, mais aussi de mettre fin à la consultation lorsqu'il a l'information dont il a besoin. Plutôt que de laisser le débat s'enflammer ou la discussion s'éterniser, il lui revient de dire : « Chers collègues, je vous remercie, j'ai tout ce qu'il me faut. Je prendrai la décision. » La discussion s'arrête là.

Un conseil : si vous n'êtes pas assuré qu'on vous a bien compris, demandez au décideur de reformuler votre intervention au lieu de la reprendre depuis le début. Vous serez perçu comme étant soucieux d'aider les autres, et non comme un beau parleur.

La décision (D)

Comme membre d'une équipe, nous avons parfois à prendre des décisions seul ou avec les autres (on dit une « codécision »). Notre rôle consiste à exercer un choix le plus éclairé possible, donc à recueillir l'information dont nous avons besoin pour nous sentir à l'aise avec la position adoptée (ce qui n'élimine pas le sens du risque !).

Notre responsabilité est alors pleinement engagée puisque la prise de décision, même en équipe, implique la solidarité dans le discours et dans l'action qui en découle, de même que dans l'acceptation des conséquences de cette décision.

Décider, c'est faire le choix des conséquences recherchées et des conséquences non voulues, mais possibles.

L'abstention est aussi une décision : celle de ne pas communiquer son choix. Cependant, elle ne nous libère pas de la solidarité décisionnelle du groupe.

La page suivante reprend l'exemple de l'ordre du jour, avec cette fois l'indication du niveau d'implication à chaque point.

Défi 2000
SERVICE DES COMMUNICATIONS

Réunion de production – étape 2
Le jeudi 9 mars 1994, à 14 h (salle 1444)

– ORDRE DU JOUR –

CLIENTS	PRODUITS	IMPLICATION
Membres de l'équipe	• Rappel des objectifs de la production	(I)
	• Validation du plan d'action	(D)
Scénariste	• Caractéristiques de la clientèle visée	(I)
	• Approbation et modification du synopsis proposé	(D)
	• Messages à mettre en évidence	(C)
	• Validation de la chronologie des événements historiques à rappeler	(C)
Producteur	• Approbation du budget soumis	(D)
	• Validation de l'échéancier	(D)
Réalisateur	• Propositions de noms d'employés à interviewer	(C)
	• Liste des appareils du Service des communications disponibles pour le tournage	(I) + (C)
	• Dates de disponibilité des conseillers affectés au pilotage dans l'entreprise des équipes de tournage	(I)

Faites l'expérience de ce type d'ordre du jour lors de vos prochaines réunions. Vous verrez la différence !

Plus jamais vous ne pourrez vous sentir à l'aise dans une réunion où vous ne verrez pas clairement où vous allez.

La solidarité décisionnelle

La cohésion d'une équipe se reconnaît à la solidarité manifestée par les membres, particulièrement sur le plan des décisions.

Au cours de la discussion, chacun a l'occasion de présenter son point de vue, de défendre son idée et de contester la position des autres. Le débat peut même prêter à des échanges musclés. C'est de mise dans une équipe où tout le monde se sent responsable des choix collectifs.

La décision qui en découle ne fait pas toujours l'unanimité, comme dans le cas d'un consensus d'équipe. Plus souvent qu'autrement, c'est au responsable qu'incombe la prise de décision. Il importe alors que tous les membres de l'équipe se rallient et l'endossent. Ils auront à défendre cette décision.

Désavouer activement ou passivement la décision mine la crédibilité de celui qui se dissocie, celle du responsable et celle des autres membres de l'équipe.

Cette situation risque de se produire si les membres de l'équipe n'ont pas l'occasion d'exprimer leur opinion et de faire valoir leur point de vue dans la phase prédécisionnelle.

Une équipe performante reconnaît le droit à la différence d'opinion, le devoir de l'exprimer au cours du débat, mais aussi l'obligation de se rallier à la décision prise.

La solidarité de l'équipe repose sur le partage de l'information, des compétences, de l'expérience, des difficultés et des succès. Sa performance découle de sa capacité à jouer la carte de la complémentarité des contributions individuelles.

La qualité des décisions et la solidarité des membres pour s'y conformer sont des préalables à l'efficacité d'une réunion.

■ *À nous de jouer :* NOTRE ORDRE DU JOUR

Le point

Plus évident que le simple ordre du jour traditionnel par sujet, l'ordre du jour qui précise les clients, les produits à livrer et le degré de participation attendu permet à chacun de vérifier, avant la rencontre, la nécessité de sa participation en fonction des contributions requises. De plus, chacun saura exactement la nature du travail à effectuer et le degré de participation qu'il doit fournir.

L'objectif

Que l'équipe ait défini l'ordre du jour de sa prochaine rencontre en fonction des clients et des produits à livrer.

L'activité

1. Visualisez votre **dernière** réunion de travail et, à l'aide de la grille, reconstituez l'ordre du jour de cette rencontre en nommant les clients, les produits et le degré de participation attendu ou fourni.

   Les clients : assurez-vous de bien identifier les clients immédiats, ceux qui ont effectivement reçu quelque chose lors de la réunion. Les clients immédiats siègent habituellement autour de la table de réunion. Il est possible que vous ayez produit là quelque chose à l'intention d'un client externe au groupe (ex. : la politique des vacances du personnel de l'entreprise), mais quelqu'un dans votre groupe avait le mandat de recueillir votre assentiment sur cette politique pour **ensuite** la formuler et la diffuser dans l'entreprise. C'est cette personne responsable du dossier des vacances qui était votre client immédiat et non tout le personnel de l'entreprise.

   Les produits : précisez bien ce que les clients ont reçu concrètement (ex. : les énoncés de principes et les règles d'application de la politique des vacances).

2. Dans un second temps et à l'aide de la deuxième grille, utilisez cette technique pour formuler maintenant l'ordre du jour de votre **prochaine** rencontre.

Les ressources

1. Les grilles de travail

2. Votre compte rendu de la dernière rencontre

L'ordre du jour de notre dernière rencontre

CLIENTS	PRODUITS	DEGRÉ DE PARTICIPATION

L'ordre du jour de notre prochaine rencontre

CLIENTS	PRODUITS	DEGRÉ DE PARTICIPATION

Un dossier de travail

Habituellement, la plupart des points à l'ordre du jour ont fait l'objet d'un travail préparatoire de la part d'un ou de plusieurs membres du groupe. Ils ont colligé l'information, étudié la question et peut-être même préparé leurs recommandations.

Quant à ces documents, il y a une double réalité avec laquelle il n'est pas toujours aisé de composer :

1) Les organisateurs s'abstiennent de remettre, avant la rencontre, les documents préparatoires de sorte que les participants se sentent perdus ou bousculés, parce qu'ils n'ont pas eu l'occasion de se familiariser avec le sujet.

2) Par ailleurs, lorsqu'on distribue ces documents avant la rencontre, peu de gens ont eu « le temps » de les lire : « On ne les a pas eus suffisamment à l'avance ! Les documents sont trop volumineux pour le temps de lecture disponible ! »

Certains auront de toute façon oublié de les apporter à la rencontre.

Bref, si vous n'avez pas distribué les documents, vous avez eu tort. Si vous les avez distribués, vous avez eu tort aussi.

Pourtant, le dossier de travail est un préalable à l'efficacité de votre réunion. Que faire ?

Deux solutions s'offrent à vous :

1) Fournir les documents disponibles à ceux qui les réclament

Avec la publication de l'ordre du jour, annoncez les documents disponibles et les modalités pour les obtenir : « Passez au secrétariat pour en prendre possession ou téléphonez pour qu'on vous les transmette. »

La responsabilité de lire les documents revient aux participants, à condition que le délai pour le faire soit raisonnable.

2) Publier un document de synthèse (2 ou 3 pages au maximum)

Avec ou sans le document complet, publiez un document de synthèse qui **énumère** les principaux éléments qu'il faut connaître pour avoir une vision juste de la question, ce qui est particulièrement utile pour les dossiers complexes.

On suggère de faire rédiger cette synthèse par une personne étrangère au dossier et non par un des auteurs. Parce qu'il a bien creusé le sujet, un auteur risque de tomber dans des considérations qui lui semblent essentielles, mais dont le lecteur peut facilement se passer pour y voir clair.

L'important, c'est de se mettre à l'écoute de votre client (participant) et de lui demander, au besoin, ce qu'il désire :

- le document de synthèse seulement, avant la rencontre ;
- le document de synthèse seulement, lors de la rencontre ;
- le document de synthèse et le document complet, avant la rencontre ;
- aucun document avant, mais tous les documents à la rencontre ;
- toute autre combinaison.

Vous consacrez peut-être plus de temps à vous enquérir des besoins de chacun, mais vous gagnez ce même temps lors de la rencontre puisque chacun assume ses choix préalables, sans vous reporter sur le dos tous les torts.

Ne parlons pas de l'économie de paperasse, de photocopies, d'archivage puisque vous n'aurez fait que les copies requises pour les clients et les participants.

À vous de fournir aux membres de votre groupe ce dont ils ont effectivement besoin pour contribuer adéquatement à la discussion.

Brillante cette secrétaire qui cesse de distribuer une photocopie du rapport de réunion à chaque membre du comité. Comme personne ne lui demande sa copie, elle conclut que le besoin n'existe pas et se contente de garder l'original dans le classeur commun.

Évitez autant que possible d'engraisser la corbeille des autres. Affichez cependant les règles du jeu clairement afin qu'on ne vous soupçonne pas de vouloir retenir l'information !

CHAPITRE 4

ET
APRÈS ?
LE
compte
rendu

La rédaction du compte rendu de la réunion est l'opération la plus délicate.

Nous disons « délicate » parce qu'il est effectivement difficile de rédiger un compte rendu **utile** et non un document servant uniquement aux archives.

Examinons les divers besoins auxquels le compte rendu peut répondre :

1. Certaines décisions doivent être officiellement enregistrées dans un compte rendu pour avoir force de loi. C'est le cas des résolutions d'un conseil d'administration ou des projets de lois adoptés par l'Assemblée nationale.

2. Le compte rendu sert aussi à marquer les progrès dans la réalisation d'un plan comportant plusieurs étapes échelonnées dans le temps. Il nous permet alors de savoir exactement où nous en sommes.

3. Il sert de document d'appui pour assurer le suivi des décisions et des actions convenues.

4. Il informe le lecteur des arguments soumis à la discussion et des éléments qui ont été pris en considération pour en arriver à une décision.

La dernière fonction est moins connue et exploitée par les rédacteurs. Le compte rendu, qui présente ces points de discussion, permet aux personnes absentes de mieux saisir l'esprit des décisions. Ces dernières peuvent ainsi savoir si on a tenu compte de tel ou de tel argument avant de décider.

Certaines personnes veulent absolument participer à toutes les rencontres pour promouvoir leurs propres arguments. Si le compte rendu rassure ces personnes en ce qui concerne la qualité des prises de décisions, elles seront plus rapidement solidaires de la décision sans qu'il soit nécessaire de refaire la réunion dans le couloir.

Il importe donc de vérifier à quels besoins doit répondre le compte rendu pour y inclure toute l'information requise par les lecteurs.

LA RÉDACTION

Par expérience, on sait que la rédaction du compte rendu d'une rencontre est souvent une corvée dont on se passerait volontiers. C'est normal puisqu'il n'est guère motivant de gérer le passé.

Pour rendre la tâche plus significative, il faut résolument avoir en tête le service que l'on rend à nos clients et à nos lecteurs et tenter de rédiger le compte rendu pendant la réunion.

En effet, la tendance du rédacteur, pendant la réunion, est de jeter sur papier les notes qu'il doit reformuler par la suite. Il suffirait pourtant d'ajouter quelques mots pendant la rencontre pour compléter immédiatement les phrases.

Certains secrétaires de comité disposent d'un micro-ordinateur portatif et rédigent, dans un cadre préformaté, le compte rendu au fur et à mesure qu'évolue la réunion. En vérifiant régulièrement avec le groupe la précision de ce qu'il écrit, il permet aux participants de se situer et de faire avancer plus rapidement la discussion. Souvent, une discussion se prolonge parce que les interlocuteurs ne sont pas assurés que leurs points de vue aient été entendus et compris. En vérifiant son texte, le rédacteur les informe de la compréhension du groupe.

Bref, la rédaction du compte rendu au fur et à mesure est une formule efficace pour les réunions de gestion.

LA NATURE DU COMPTE RENDU

Trop long ! Trop succinct ! Trop verbeux ! Trop légaliste !

Le compte rendu ne semble jamais satisfaire ses lecteurs. Existe-t-il un compte rendu idéal ?

Malheureusement, la réponse est négative.

Le compte rendu est un produit en soi. Un bon produit répond aux attentes des clients. Que veulent vos clients ?

Bien sûr, dans certains contextes, le compte rendu doit respecter des exigences légales ou réglementaires. Le compte rendu (procès-verbal) garde une trace formelle de la réunion et assure que les discussions (on parle alors de motions) ont été menées dans le respect des procédures édictées ou adoptées par le groupe. C'est ce que démontre l'extrait présenté dans l'exemple A ci-après.

Dans d'autres cas, où l'exigence réglementaire le permet, on peut demander que le compte rendu reflète non seulement la décision, mais l'information et les éléments de discussion qui ont conduit à cette décision. Ce genre de compte rendu traduira donc assez fidèlement le contenu et l'ordre des échanges qui ont eu lieu, sans nécessairement nommer les personnes qui ont émis les opinions si ces données n'ajoutent rien à la valeur du contenu. Ce compte rendu se présente donc sous la forme d'un texte reprenant le « film » de la discussion.

Il importe, dans ce genre de compte rendu, que le lecteur ne s'y perde pas et puisse dégager ce qu'il a finalement été convenu. On utilisera alors les sous-titres pour faire ressortir les idées principales ou les sujets abordés et on prendra grand soin de mettre en évidence, par un jeu typographique par exemple, la décision ou l'action qui a été convenue. C'est ce type de compte rendu qui est proposé dans l'exemple B.

EXEMPLE A (de nature juridique)

PROCÈS-VERBAL
de la réunion du Bureau de direction de
l'**Association québécoise des auteurs**
tenue le 21 septembre 1994, à 20 h 00,
au 1100, boul. Durocher Ouest, Trois-Rivières, G0X 3H2.

Sont présents : Paul Guilbert, président, Louis-Marie Desgens, vice-président, Jean Lepage, vice-président, Robert Royer, vice-président, Marité Lamouche, trésorière, et Anne de Villiers, responsable du secrétariat.

Se sont excusés : Lise Dussault, vice-présidente et Bruno Gonthier, secrétaire.

1. Ouverture de la séance

La réunion débute à 20 h 10.

2. Adoption de l'ordre du jour

Motion TD.94-95.14

Il est résolu à l'unanimité d'adopter l'ordre du jour suivant :

1. Ouverture de la séance
2. Adoption de l'ordre du jour
3. Adoption des procès-verbaux des réunions des 28 juin et 10 août 1994
4. Secrétariat de l'Association – rapport
5. Comités de travail
   5.1 Adhésion des nouveaux membres
   5.2 Bulletin aux membres et bottin
   5.3 Colloques
   5.4 Concours
   5.5 Gala
6. Correspondance
7. Divers
8. Clôture de la séance

3. Adoption des procès-verbaux des réunions des 28 juin et 10 août 1994

Motion TD.94-95. 13

Il est résolu à l'unanimité d'adopter les procès-verbaux des réunions des 28 juin et 10 août 1994 tels qu'ils ont été présentés.

EXEMPLE B (contenu de discussion)

AGENCE DE L'ÉTOILE

COMPTE RENDU DE LA RÉUNION DE COORDINATION DE LA DÉMARCHE DE DÉVELOPPEMENT DE LA QUALITÉ

tenue le samedi 24 septembre 1994, de 9 heures à 12 heures, à l'hôtel Brouilly – Paris

Sont présents à cette rencontre :

– Monsieur Claude Dumesnil, directeur
– Madame Denyse Monnet, adjointe au directeur
– Monsieur Jean-Louis Langevin, consultant
– Monsieur Philippe Teulié, consultant

OBJET DE LA RENCONTRE

La rencontre avait pour but de faire le point sur l'ensemble de la démarche, d'identifier les éléments à renforcer et de convenir de la stratégie des prochains mois.

POINTS DE DISCUSSION ET DÉCISIONS

1. FINALITÉ DE LA DÉMARCHE DE LA QUALITÉ

1.1 Résultats ciblés

À la lumière des discussions au cours des ateliers de travail de la semaine dernière, il est apparu évident que l'obligation de résultats à terme, si l'on considère l'ensemble des résultats ciblés, n'a pas été perçue ni comprise par la majorité des managers de l'agence.

La liste des résultats a été perçue comme une énumération indicative d'éléments de progrès parmi lesquels chaque équipe choisit ses propres avenues d'amélioration.

Plusieurs **facteurs** peuvent expliquer cet écart de perception relative à la finalité de la démarche :

1) la communication sur la démarche n'aura pas été suffisamment percutante ;

2) la pédagogie de la démarche a été interprétée comme étant la règle de fonctionnement ;

3) l'accent mis sur les résultats techniques relègue au rang des moyens la qualité et la capacité des équipes; le quantitatif prime sur le qualitatif ;

EXEMPLE B (contenu de discussion) – suite

4) la dynamique contractuelle n'est probablement pas acquise.

Il est donc opportun que la direction apporte l'ajustement néces-saire sur ce point fondamental de la finalité de la démarche.

À cet égard, **il est convenu** :

1) que lors de la réunion de l'encadrement du 4 novembre, la direction clarifie la finalité de la démarche et l'obligation d'obtenir des résultats de la part des équipes, et ce, en fonction des résultats ciblés ;

2) que soit verrouillé le fil d'arrivée en précisant la date d'échéance – 30 juin ou 31 décembre 1996 ;

3) que le libellé des résultats soit revu dans les prochaines semaines pour convenir du fond et de la phraséologie. Les propositions de reformulation seront validées par Jean-Louis Langevin.

Le pilote ou leader de cette action reste à identifier et son nom sera communiqué aux conseillers internes et externes.

1.2 Les résultats de performance du centre

Le lien entre la maîtrise des résultats ciblés et les résultats décou-lant de la performance de l'agence et des équipes doit être démontré.

À cet égard, il importe de compléter le chantier de formulation des résultats de performance de l'agence.

Claude Dumesnil pilote cette action pour évaluer les résultats de la performance.

La proposition est transmise à Jean-Louis Langevin pour valida-tion et suggestion.

Communication

Le tout devrait être disponible pour la rencontre du 4 novembre pour une communication à l'encadrement.

Les équipes en prendront connaissance lors de leur passage à l'Espace Communication, ce qui n'exclut pas une plus large communication dans l'un des médias de l'agence, en décembre ou en janvier. **Décision à prendre**.

EXEMPLE B (contenu de discussion) – suite

2. DÉMULTIPLICATION VERS LES ÉQUIPES

La discussion sur les objectifs à privilégier et le format temps à adopter pour la mise en route des équipes ne s'est réellement faite qu'au cours de la séance de travail des conseillers, les 13, 14 et 15 septembre derniers.

Il en est ressorti trois propositions argumentées dont la direction a pris connaissance.

Il est **convenu** :

- de retenir le format 0,5 jour – 1 jour – 2 jours ;
- de reporter à janvier le démarrage de la démultiplication de manière à donner tout le temps à la mise en place des éléments requis ;
- de privilégier, pour l'ensemble des équipes, l'instrumentation à la gestion de la qualité du service ;
- de permettre à certaines équipes, dont le besoin de consolidation et de cohésion est primordial, d'adopter un contenu et un format autres pour, au besoin, assurer une meilleure préparation de l'équipe à la phase de gestion de la qualité ;
- que ce choix soit convenu au préalable avec le responsable du service ;
- que la décision du format résidentiel ou non soit bien évaluée pour tenir compte des avantages, désavantages et impacts de manière à proposer les solutions possibles ;
- de concevoir le plan de communication des équipes de la phase 2 : stratégie, messages, choix des médias, échéancier, etc.

3. ATELIER DU COMITÉ DE DIRECTION

Il est évident que l'équipe du comité de direction doit prendre de l'avance dans la démarche. Cependant, l'automne constitue une période fort chargée en raison des multiples projets en cours.

Compte tenu du contexte actuel, il est **convenu** :

1) de reporter l'atelier de suivi prévu les 15 et 16 octobre au mois de janvier ; date à déterminer d'ici 10 jours ;
2) que le consultant et le directeur conviennent, dans les prochaines semaines, du contenu et du programme de cet atelier.

EXEMPLE B (contenu de discussion) – suite

---

4. CARREFOUR MANAGERS

Les objectifs et la nature du Carrefour managers sont remis de l'avant pour ajuster la compréhension commune.

Il s'agit d'une occasion pour des managers engagés dans la démarche et rassemblés sur une base volontaire (de 30 à 40 à la fois) de faire le point et d'échanger dans le but premier de leur permettre de trouver réponse à trois interrogations habituelles.

1. Suis-je dans la bonne direction ?

2. Suis-je le seul à progresser, faire des efforts et connaître certaines difficultés ?

3. Est-ce que cela donne des résultats ?

Il est **convenu** :

1) de tenir un premier Carrefour en janvier à la date proposée par le consultant ;

2) que le consultant remette de l'avant l'information sur le Carrefour, propose la marche à suivre pour l'organisation de cet événement ;

3) d'identifier le pilote de cette activité.

Madame Monnet produira le plan d'action détaillé des trois prochains mois.

Le consultant fait la synthèse des décisions convenues.

Le directeur manifeste son optimisme quant au succès du projet.

Fin de la réunion (11 h 57).

Jean-Louis Langevin

67

Dans tous les cas, il est requis de fournir, au début du compte rendu, un minimum d'information factuelle permettant de préciser de quelle réunion il s'agit. Les éléments les plus communs sont :

1. La mention que le document est un compte rendu (ou procès-verbal) ;

2. La nature du groupe de travail ;

3. La date et l'heure du début de la réunion ;

4. Le lieu de la réunion ;

5. Les personnes présentes, incluant le titre de leurs fonctions (contexte légal) ;

6. Les personnes absentes (ou s'étant excusées), lorsque le groupe a une composition formelle fixe.

Pour identifier la forme que doit prendre le compte rendu à rédiger, deux solutions simples sont de mise :

1. Vérifier dans les statuts si le groupe est tenu de respecter quelques règles formelles ou légales ;

2. Recueillir auprès de ses clients (les lecteurs) leurs besoins pour le prochain compte rendu ou encore leurs commentaires et suggestions après la lecture du dernier compte rendu.

LE SUIVI DES DÉCISIONS

Certains groupes (tous, nous l'espérons !) voudront réaliser périodiquement le suivi de leurs décisions.

Pour réaliser un suivi des décisions prises ou des actions convenues, le compte rendu sous forme de texte continu n'est pas approprié.

Il est préférable d'adopter une présentation sous la forme d'un tableau en colonnes indiquant :

• la date de la décision ;

• la décision (ou l'action) ;

- la date d'échéance ;
- la personne responsable ;
- un espace pour enregistrer, au rythme de l'évolution, l'état d'avancement de la réalisation et les correctifs à apporter ;
- la date d'inscription de l'état du suivi.

Cette forme de tableau de suivi des décisions, en continu, évite d'avoir à reformuler ou à rédiger la même information, toutes les fois que l'on désire montrer l'état d'avancement.

Ce tableau, mis à jour, peut aisément être joint au compte rendu rédigé.

La page suivante montre un tableau de suivi des décisions.

L'HABILETÉ À LA RÉDACTION DU COMPTE RENDU

L'habileté à rédiger le compte rendu s'acquiert avec la pratique.

Il est souhaitable que plus d'un membre de l'équipe rédige les comptes rendus de façon à ne pas toujours laisser au même cette fonction que bien peu de personnes prennent plaisir à exercer.

La meilleure méthode pour développer son habileté consiste à vérifier régulièrement la satisfaction des lecteurs vis-à-vis des comptes rendus précédemment rédigés et à apporter les améliorations suggérées.

Suivi des décisions

Date : ___ 24 / 08 / 19XX

SUJET	DÉCISION	ÉCHÉANCE	RESPONSABLE	SUIVI DATE	SUIVI ÉTAT OU *ACTION
DÉFI 2000 – BUDGET	Obtenir des commandites de la part des caisses pour financer une partie de la production.	12 septembre	Paul J.	5 / 07	/ Six caisses pressenties ; deux sont intéressées. * Contacter six autres caisses. * Obtenir des deux caisses intéressées une date de confirmation de leur participation.
				19 / 07	/ Trois caisses ont accepté. * Trouver un quatrième commanditaire pour un montant équivalent aux engagements obtenus.

LES MODALITÉS DE DIFFUSION DU COMPTE RENDU

La grille de la page suivante vous permet de planifier la diffusion du compte rendu de vos réunions. Elle comprend les éléments suivants.

1. CLIENTS
La liste des personnes qui ont besoin de recevoir le compte rendu. Ces personnes sont désignées par leur nom ou, mieux encore, par leur titre de fonction, ce qui n'oblige pas le secrétaire à refaire la liste si une fonction change de titulaire.

2. PRODUITS
Les produits précisent ce que chaque client a besoin de recevoir :
- l'ordre du jour ;
- le compte rendu complet ;
- une synthèse du compte rendu ;
- les documents de travail utilisés ;
- une synthèse des documents de travail ;
- certains documents de travail (spécifiez).

3. DATE
La date de livraison au client.

4. RESPONSABLE
La personne responsable de la rédaction ou de la diffusion au client.

5. MODALITÉS
Le mode de transmission du produit au client :
- en main propre ;
- par courrier interne ;
- par courrier postal ;
- par télécopie ;
- par courrier électronique.

6. SUIVI (3)
Un espace que l'on doit cocher pour signifier la réception des documents par le client.

Le compte rendu de nos réunions : modalités de diffusion

CLIENTS	PRODUITS	DATES	RESPONSABLES	MODALITÉS	SUIVI (3)

■ À nous de jouer : LE COMPTE RENDU

Le point

Le compte rendu est un document essentiel pour conserver l'historique des discussions, des décisions et de l'évolution d'une situation ou d'une action en cours. Il doit, dans sa forme, respecter les exigences de la situation et, par son contenu, répondre aux besoins des clients, à savoir les personnes qui le lisent.

L'objectif

Que l'équipe ait une entente sur la nature et le contenu de leurs comptes rendus.

L'activité

1. À l'aide de la grille de travail intitulée *Le compte rendu* (voir à la page suivante), identifiez d'abord ce que vous aimez et n'aimez pas dans les comptes rendus déjà rédigés.

2. Déterminez ensuite les spécifications ou caractéristiques que vous voulez pour vos prochains comptes rendus.

3. Convenez du partage des responsabilités, de leur rédaction et de leur diffusion.

4. Précisez enfin les modalités de diffusion.

Les ressources

1. Les grilles de travail

2. Votre expérience et vos attentes

Le compte rendu

CE QUE J'AIME	CE QUE JE N'AIME PAS
_____	_____
_____	_____
_____	_____
_____	_____
_____	_____
_____	_____
_____	_____

LES SPÉCIFICATIONS DE NOS PROCHAINS COMPTES RENDUS

_____
_____
_____
_____
_____
_____
_____
_____

LES MODALITÉS DE DIFFUSION

• Personnes concernées (clients) : _____
_____
_____

• Délais de disponibilité : _____
_____
_____

• Modes de livraison : _____

CHAPITRE 5

TEL LE *skipper* D'UN VOILIER

Il existe un mythe selon lequel un groupe de travail peut fonctionner sans leader, sans animateur bien identifié. Il est certain qu'une discussion de salon peut se passer d'animateur, mais tel n'est pas l'enjeu d'une équipe ayant un résultat concret à produire.

L'animateur, c'est le chef d'orchestre. Il assure l'exécution harmonieuse de la pièce choisie, c'est-à-dire le résultat à produire.

L'animateur, c'est comme le skipper d'un voilier avec équipage. Il a pour fonction de voir à la bonne marche du navire et de coordonner les divers aspects du fonctionnement du groupe.

Cependant, tout comme le chef d'orchestre et le skipper, l'animateur d'une rencontre, malgré sa bonne volonté, ses techniques et la qualité de ses interventions, n'arrivera à rien si les coéquipiers n'acceptent pas son rôle, ne lui accordent pas le pouvoir de les influencer ou ne lui font pas confiance.

En ce sens, l'animation d'un groupe est une responsabilité partagée par tous les membres de l'équipe.

Là encore, il est souhaitable que chacun des membres de l'équipe prenne régulièrement la « barre » de l'animation. C'est une excellente occasion de parfaire son habileté puisque nous sommes tous appelés à jouer ce rôle d'animation dans notre travail. C'est aussi une bonne façon de découvrir les exigences et la discipline que requiert le simple rôle de participant voulant contribuer à la qualité de l'animation.

Il demeure que cette habileté est mieux maîtrisée par certains membres de l'équipe. Dans les dossiers chauds, il ne faut pas hésiter à recourir à ces experts qui vous feront économiser temps et énergie.

GARDER LE CAP

L'animateur doit donc constamment se soucier que tous connaissent, au départ, le ou les objectifs de la rencontre. Il précise, seul ou avec l'aide du groupe, le ou les produits à livrer au client à chaque étape de la rencontre. C'est l'ordre du jour.

Il se préoccupe également de marquer les étapes de progression du produit en reformulant les points acquis, les éléments d'accord et les propositions formulées. Il voit à ce que le groupe dispose clairement de chacune des interventions faites, des arguments soulevés et des suggestions apportées.

Un groupe fonctionne très bien lorsque la tâche à accomplir est claire. Tous doivent avoir la même vision du produit fini et des résultats à obtenir.

La façon la plus simple consiste à écrire très précisément le contenu du produit et le format qu'il doit prendre à la fin de la réunion.

Un mauvais exemple : « Nous devons organiser la prochaine fête de la performance. »

Avec un tel énoncé, le groupe s'engage sur plusieurs pistes de discussion en quelques minutes. Les uns discutent du bien-fondé d'une telle activité pendant que d'autres en sont au choix du buffet. « Au fait, qui est invité ? » Et voilà, c'est parti...

Un bon exemple : « Nous avons accepté le mandat de présenter à la direction le plan de la prochaine fête de la performance. Nous devons donc sortir d'ici avec ce plan. »

CLIENT	PRODUIT
Comité de direction	Un **plan** précisant : • les personnes invitées ; • les objectifs ; • le budget ; • le déroulement des activités dans le temps ; • une proposition de deux dates possibles ; • le choix du lieu ; • l'équipement requis ; • l'échéancier de réalisation de la préparation ; • les responsabilités de chacun ; • les critères d'évaluation ; • la liste des décisions à prendre par la direction ; • les mandats des divers intervenants et des fournisseurs.

Y a-t-il d'autres points à ajouter ? Tout est clair ? Alors, passons à l'action !

Bien ! Nous allons procéder selon l'ordre des points énoncés.

Voilà ce qui s'appelle un mandat clair. C'est l'ordre du jour de cette réunion.

L'ordre du jour peut varier en cours de travail. Si cela arrive, il importe cependant à l'animateur :

- de constater que la discussion change de cap ;
- de consulter le groupe ;
- de proposer qu'une décision soit prise sur le changement ou le maintien du cap initial.

La confusion d'un groupe s'installe rapidement lors de ces changements de cap qu'on laisse glisser sans les mettre en évidence et sans faire de réajustement. Certains prennent la bifurcation, alors que d'autres poursuivent en droite ligne, croyant toujours devoir aborder le thème du départ.

Sur un bateau, lorsque le skipper change de cap sans en informer son équipage, tout le bateau tourne et l'équipage également ! Dans une réunion, il en est autrement, malheureusement !

LE SAVOIR-FAIRE

 Le second volet que l'animateur doit gérer est le savoir-faire : méthodes, techniques, etc. Ce sont toutes les manœuvres du voilier que le skipper doit préciser, déléguer à l'équipage et en coordonner l'exécution.

Le **savoir-faire** couvre un large éventail de dimensions. Retenons-en quatre.

Une méthode de travail simple

Elle concerne principalement l'ordre du déroulement du travail à effectuer.

À chaque étape, les membres de l'équipe savent comment procéder pour faire avancer le travail. Tout le monde connaît en même temps l'étape de réalisation à laquelle contribue le groupe.

L'animateur doit donc, en premier lieu, convenir de la façon de procéder, puis préciser ou rappeler les règles du jeu. Il propose sa façon de voir le déroulement de la réunion ou encore il discute avec le groupe de la méthode à adopter.

Attention cependant de tomber dans le piège de la « méthodite » où l'on prend le meilleur du temps et des énergies pour établir une belle méthode qui s'avère inutile, faute de temps.

L'animateur doit régulièrement faire le point sur le déroulement en rappelant, au besoin, ce qui a été convenu et comment le groupe peut respecter l'entente prise.

Une discipline rigoureuse

Là encore, l'animateur doit veiller à ce qu'il n'y ait pas de dérives sans en convenir avec le groupe. Il est, en quelque sorte, le gardien des conventions et le pilote qui dirige la manœuvre selon le processus établi et les règles convenues.

Il joue un rôle primordial dans la circulation des échanges. Comme l'agent à l'heure de pointe, il dirige activement la circulation :

- en repérant celui qui veut prendre la parole ;
- en reformulant, en recadrant le propos ;
- en s'assurant que le groupe profite de chaque intervention.

L'erreur la plus courante chez les animateurs est de laisser se développer la discussion sur plusieurs idées à la fois, ce qui entraîne automatiquement une cacophonie du discours.

L'image la plus saisissante est celle des tiroirs d'une commode. Imaginez un premier participant qui ouvre un tiroir (un sujet ou une idée) et en tire à demi une paire de bas qu'il laisse en suspens sur le rebord du tiroir entrouvert, interrompu par un deuxième qui ouvre un autre tiroir duquel il sort une chemise qu'il conserve en main, en laissant le tiroir ouvert, parce qu'à son tour un troisième, etc.

Au bout d'un moment, la commode a une drôle d'allure. Plusieurs tiroirs sont demeurés entrouverts avec des vêtements suspendus un peu partout. Plus on brasse, moins on trouve, et le désordre s'accroît.

Il en est de même dans une équipe où l'animateur ne s'assure pas que chaque intervention ou idée est considérée et classée avant d'aborder une nouvelle idée.

Pour assurer un travail commode, il importe donc de refermer chaque tiroir avant d'en ouvrir un autre.

Deux casquettes

Comme le skipper, l'animateur assure le bon déroulement de la croisière. Par contre, son mandat peut se limiter à l'un ou l'autre plan du contenu, du processus et du relationnel.

Il intervient sur le processus, sans aucun apport au plan du contenu, dans le cas, par exemple, d'un groupe d'experts discutant d'un sujet. Le rôle de l'animateur se limite alors à celui d'un modérateur.

Il est rare que l'animateur soit totalement extérieur au contenu de la discussion. Il a ses propres opinions et points de vue sur le sujet en développement. S'il est membre à part entière de l'équipe, le contenu le concerne davantage. Il est donc fortement tenté d'intervenir aussi sur ce contenu, et à juste titre. Pourquoi priver l'équipe d'un apport judicieux et important ?

En somme, l'animateur porte constamment deux casquettes : celle d'animateur et celle de participant. Il en porte souvent une troisième : celle du chef hiérarchique.

La difficulté est de savoir, lorsqu'il intervient dans le groupe, quelle casquette il porte à ce moment : celle de l'animateur, du participant ou du patron ?

La seconde difficulté, reliée à la première, est vécue par les participants. « Sous quelle casquette l'animateur intervient-il ? »

On le comprendra, la tentation est grande de se servir de son pouvoir d'animateur et de patron pour faire passer ses propres idées ou s'arroger plus de temps d'antenne.

Ce risque s'accroît avec le statut que l'on affiche. Un chef hiérarchique qui anime la discussion dispose d'un pouvoir d'influence que les autres n'ont pas.

Il est possible d'arriver à bien maîtriser ce jeu de la triple casquette. Quelques conditions sont toutefois requises :

- poser d'entrée de jeu ces trois rôles en les explicitant ;
- s'assurer de ne pas mélanger les casquettes que l'on porte ;
- annoncer ses couleurs lorsqu'on intervient sur le contenu ;
- respecter les mêmes règles du jeu que les participants pour prendre la parole sur le contenu (lever la main, ne pas interrompre quelqu'un, etc.) ;
- accepter que son opinion soit rejetée comme n'importe quelle autre.

Se retirer du contenu discuté par l'équipe est généralement mal vu des participants et peu crédible. Tout le monde a ses opinions et ses préférences. La transparence a bien meilleur goût !

La carte de la complémentarité

L'animation du processus consiste également à recourir aux diverses compétences dans le groupe.

La diversité des talents et des ressources constitue un atout précieux si l'animateur sait gérer la complémentarité des apports individuels.

Par contre, lorsque les échanges se font dans un climat de compétition et de suspicion, le débat se perd rapidement dans les intérêts égoïstes de quelques individus en quête de pouvoir.

Savoir gérer les jeux d'influence fait souvent la différence dans l'art de l'animation.

L'identification des contributions spécifiques permet à l'animateur de jouer la carte de la complémentarité des apports individuels. C'est à lui de veiller à l'utilisation optimale des compétences disponibles dans le groupe, en sachant les mettre à profit dans l'atteinte des objectifs.

VALORISER L'ÉQUIPAGE

Tous ceux qui ont voyagé en groupe sur un voilier vous le diront : un conflit, même caché, entre deux membres de l'équipage empoisonne l'atmosphère, diminue la performance et la motivation de toute l'équipe.

Une équipe confinée plusieurs heures dans une même salle vit sensiblement des conditions similaires de proximité.

Tel le skipper, l'animateur se soucie de la cohésion de l'équipe fondée sur la synergie positive des individus et de leur rôle respectif dans l'accomplissement du mandat.

L'animateur doit gérer la solidarité en tenant compte de la place qu'occupe chaque personne au sein du groupe.

Voici quelques comportements d'un animateur performant sur le plan relationnel :

- il explique clairement l'ordre du jour et la méthode ;

- il s'assure que tous connaissent la nature des contributions spécifiques de chacun ;

- il accorde à chacune des personnes du groupe les mêmes occasions d'intervention (ce qui n'oblige pas les personnes à parler !) ;

- il encourage la qualité de la communication et la compréhension mutuelle en vérifiant les messages reçus et en les reformulant à la satisfaction de l'émetteur ;

- il fait part à chacun de ses observations, de son feed-back et de ses appréciations ;

- il ne tolère aucune ambiguïté dans le groupe en invitant les uns et les autres à préciser leur pensée ou leur opinion ;
- il pose ouvertement les conflits observables et encourage la clarification ;
- il respecte les limites que le groupe se reconnaît.

Tâche, processus et relations sont les trois plans de l'intervention où l'animateur doit maintenir un certain équilibre.

L'animation consiste à gérer le fonctionnement harmonieux du groupe sur ces trois plans.

Occasionnellement, l'animateur doit privilégier un plan plus que les autres lorsque le groupe est confronté à

La zone d'efficacité optimale

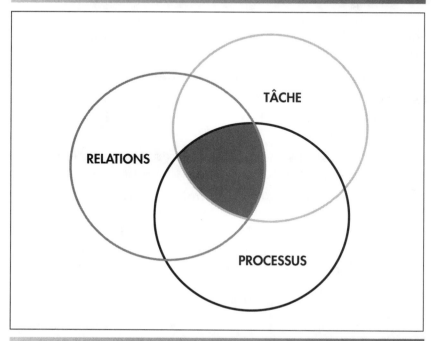

certaines difficultés. Par exemple, il doit suggérer une méthode de travail avant d'aborder le problème.

La zone d'efficacité optimale intègre les trois plans. Elle s'accroît au fil des apprentissages et des acquis du groupe.

Il arrive parfois qu'un groupe ne réussisse pas à se donner un fonctionnement intégré en restant aveugle sur l'une ou l'autre dimension. Par exemple, un animateur plutôt directif a tendance à ignorer le plan relationnel, ce qui handicape grandement la participation des membres. Ce genre d'approche débouche sur le scénario : « Décide, chef ; on ne se mouille pas ! »

L'animateur, qui se concentre plutôt sur le processus, a tendance à privilégier la bonne méthode de travail au détriment de la tâche. « On n'est peut-être pas efficaces, mais on a de la méthode ! »

ANIMATEUR OU « ANIMATEUX » ?

Plusieurs personnes appelées à animer des groupes ont une conception sociale de leur rôle :

- il faut que tout le monde s'exprime ;
- il faut donner l'occasion à chacun de dire ce qu'il a à dire ;
- il faut même parfois obliger des personnes à parler ;
- il faut laisser chacun exprimer complètement son opinion ;
- il faut inviter le groupe à dire ce qu'il pense de l'opinion qui vient d'être émise par l'un des participants.

C'est ce que nous appelons le style « animateux ». Bien qu'il soit inspiré d'un louable respect de la personne, ce style produit souvent l'effet inverse. La personne responsable qui choisit de ne rien dire ou qui n'a effectivement rien à dire se verra ainsi forcer de parler... pour ne rien dire ! De plus, tous les participants, qui n'ont pas envie d'entendre encore une fois la longue opinion de M. X, devront l'écouter jusqu'à la fin !

L'animateux met de la vie sur le bateau, même si ce dernier vogue à la dérive ou risque de s'échouer. Qu'importe ! Au moins tous les membres de l'équipage seront traités également. L'ouverture démocratique de l'animateux est intéressante à retenir, mais elle perd souvent de vue l'objectif.

Le rôle de l'animateur est de faire en sorte que le groupe produise les résultats attendus, que les membres soient fiers de ces résultats et que chacun puisse les faire siens, le tout dans un climat agréable.

Animer, c'est aussi manipuler. Voilà le mot est lâché ! Oui, manipuler, c'est-à-dire gérer les interventions de telle sorte que le travail avance.

Mais attention ! Il y a deux sortes de manipulation.

1) L'animateur manipule à ses propres fins. Cette façon de faire sera toujours perçue, puis rejetée par le groupe.

2) L'animateur manipule au service du groupe et du produit à livrer. Cette façon de faire sera toujours perçue, puis acceptée par le groupe.

L'animateur pourra même, dans ce dernier cas, afficher ouvertement sa manipulation. Le groupe suivra si tous les membres sont branchés sur le même résultat à produire.

Observez bien l'agent de circulation au carrefour : il manipule.

■ À nous de jouer :
NOTRE ANIMATEUR EN ACTION

Le point

Il vous arrive d'animer des réunions ? Vos collègues vous ont observé et sont en mesure de vous apporter un feed-back constructif sur la façon de vous acquitter de ce mandat ?

L'objectif

Que l'animateur ait la perception de l'équipe sur son rôle en ce qui concerne la tâche, le processus et les relations.

L'activité

1. À l'aide de la grille de travail intitulée *Notre animateur en action*, chacun identifie au moins un exemple de contribution que l'animateur a apportée au groupe, sur les plans de la tâche, du processus et des relations, au cours d'une rencontre précédente.

2. Une fois la grille remplie, le groupe dégage une synthèse des perceptions individuelles au tableau.

3. L'animateur peut poser des questions, demander des précisions, sans manifester ses accords ou désaccords.

Les ressources

1. La grille de travail
2. Votre connaissance de l'animateur

Notre animateur en action

LES CONTRIBUTIONS QUE J'AI RETENUES

SUR LE PLAN DE LA TÂCHE :

_____
_____
_____
_____
_____
_____

SUR LE PLAN DU PROCESSUS :

_____
_____
_____
_____
_____

SUR LE PLAN DES RELATIONS :

_____
_____
_____
_____
_____
_____
_____

CHAPITRE 6

LA technique PEUT FAIRE LA DIFFÉRENCE

Votre façon de vous comporter et de travailler avec vos coéquipiers est un message en soi aussi important, sinon plus, que le contenu de vos paroles. Un geste vaut mille mots !

Votre crédibilité, en tant qu'animateur, s'établit dans l'action, dans **votre action**.

Une bonne technique au service du « **gros bon sens** » peut faire un « **tabac !** »

DES « BAROMÈTRES » À LIRE

La personne passe avant le contenu et le processus. Voilà qui résume bien l'essence du contact.

Soyez à l'écoute de vos clients, qu'ils soient managers, membres de votre équipe, partenaires, bénévoles ou autres.

Dites-vous que l'équipe a un vécu, des modes de fonctionnement et des codes de communication. **C'est vous qui prenez le train en marche !**

Aider une équipe et des personnes, c'est être respectueux de ce qu'elles sont, de la façon dont elles vivent leur vie de travail. Soyez attentif au moindre geste, à la moindre parole empreinte du respect de l'autre.

- Utilisez son nom ou son prénom dans la conversation ; personnalisez votre contact avec le regard.

- Soignez votre présentation physique et la présentation du matériel. La qualité pourrait se propager.

- Intéressez-vous à son travail, à son expérience, à ses succès.

- Soyez attentif à ses interrogations ; prenez le temps d'écouter et de comprendre.
- Demandez-lui son avis ; reprenez son point de vue pour le renforcer.

Vivez au centre du groupe en restant branché sur chaque participant.

Vous posez une question et vous voulez du feed-back ? Adressez-vous à une personne en particulier et non au groupe. Allez chercher la personne.

Un groupe ne répond pas. Seules des personnes répondent.

Vous apprendrez rapidement à utiliser des « baromètres » dans le groupe. Les baromètres sont les quelques personnes que vous consultez régulièrement du regard durant votre intervention pour vous assurer d'être sur la bonne voie. Ces personnes réagissent spontanément en parole ou par leur mimique. Elles sont importantes dans la gestion d'une réunion.

Vous vous en choisirez trois :

- **Un baromètre TÂCHE :** c'est la personne qui, lorsqu'elle comprend, vous assure de la clarté de votre message. Elle vous aide à préciser votre pensée, à clarifier vos mandats. Recherchez ses acquiescements. Vérifiez ses hésitations qui vous aideront à clarifier votre message.

- **Un baromètre PROCESSUS :** c'est la personne qui a besoin d'ordre et de systématisation. Elle devient mal à l'aise lorsque la méthode n'est pas claire. Traitez-la comme la gardienne des règles du jeu. Vous saurez, en l'observant, quand il importe de faire une mise au point sur le processus.

- **Un baromètre RELATIONS :** c'est la personne qui aime le monde et qui vous aime. Elle vous fait confiance, vous taquine, vous suit à la trace. Elle exprime son plaisir ou son ennui, sa joie ou sa peine. Elle vous énergise, car elle prend soin de votre affectivité. Elle vous sert de « relais affectif » avec le groupe.

Ces baromètres sont vos adjoints, vos complices. Ils ne le savent pas. Certains s'en doutent. Tous le sentent. L'art de leur utilisation repose sur la recherche constante de leurs moindres signes de feed-back et sur la discrétion que vous maintenez sur votre choix. Ils joueront le jeu avec vous en autant qu'ils ne se sentent pas comme les « chouchous » de l'animateur.

L'animateur qui ne repère pas ses baromètres se prive d'alliés précieux et devient rapidement inefficace pour le groupe. Les baromètres sont vos relais pour créer, développer et gérer la synergie du groupe. Visualisez le dernier groupe que vous avez animé et repérez les personnes qui étaient (ou auraient pu être) vos baromètres.

UN CONTRAT CLAIR

Vous êtes l'animateur invité. Quel est votre mandat ?

Un mandat clair répond aux questions suivantes.

- Quel est le rôle du groupe (information, consultation, décision) ?
- Quels sont les objectifs de la rencontre ?
- Quelle est la méthode de travail ?
- Où est la complémentarité des compétences ?
- Qu'est-ce qu'on attend de l'animateur ?

Autant de questions que l'animateur doit se poser et pour lesquelles il doit s'entendre avec le groupe qui a sollicité son intervention.

Dans beaucoup de cas, le manager d'une équipe, souhaitant demeurer entièrement disponible au contenu, fera appel à vos services d'animateur. Le manager garde sa place dans l'équipe. Vous l'assistez sans le remplacer. Il est et demeure le commandant du navire. Vous êtes le pilote qui montez à bord pour l'aider à faire une partie de la route et le guider vers le succès.

Convenez avec lui du partage des rôles dans l'animation. Qu'attend-il de vous ? Qu'attendez-vous de lui ?

Aidez-le à clarifier et à formuler les messages qu'il veut transmettre à son groupe dans cette intervention. Indiquez-lui comment vous avez l'intention de fonctionner et ce que vous ferez à chaque étape. Adaptez votre intervention à son propre style de gestion.

Vous êtes vous-même le manager et l'animateur de votre équipe ? Vous portez alors les deux casquettes. En tant qu'animateur, respectez-vous comme manager. En tant que manager, respectez-vous comme animateur.

Au-delà de cette précision sur votre rôle, assurez-vous de toujours être au clair avec le groupe. Savez-vous ce que le groupe est en train de faire ? Le groupe vous perd-il de vue ? Il peut être temps de remettre en lumière le contrat : tâche, processus, relations.

UNE ORGANISATION IMPECCABLE

Si vous étiez le client de cette équipe, vous vous attendriez à obtenir de la qualité, autant pour le produit que dans la façon dont on négocie avec vous. Donnez de la qualité à vos clients.

L'organisation physique de la salle de travail est le premier message que vous communiquez au groupe. L'importance que vous accordez à une réunion se révèle d'abord dans le choix et l'aménagement des lieux.

Offrez un maximum de confort avec les ressources dont vous disposez.

Présentez le matériel avec un souci d'esthétisme (manuels, outils de travail, écrans et tableaux, etc.). Le premier coup d'œil dans la salle doit être stimulant pour les clients. Quand vous affichez la qualité, vous incitez les autres à vous en donner. La qualité, c'est comme la grippe : elle s'attrape au contact !

Si, par malheur, vous arrivez en même temps que les membres de l'équipe, faites-en vos complices dans la mise en place. Ce premier geste de participation démarre la synergie du groupe.

Prévoyez les pauses en confiant à un membre la gestion de la montre.

Des animateurs astucieux offrent le café une demi-heure avant le début des travaux. Une façon habile de « nettoyer » les manchettes du journal personnel et de mettre les cerveaux en marche.

UN ŒIL AVERTI

L'un des outils privilégiés de l'animateur est l'information verbale et non verbale que les personnes lui transmettent constamment.

Observez ce qui se passe. Observez les personnes. Dépistez les réactions et les besoins des gens. Occupez-vous d'eux sans vous faire envahissant et sans jouer les missionnaires.

Un haussement des épaules vous donne l'impression que la personne ne saisit pas bien le message ? Vous avez là une impression qui peut être vraie ou fausse. Vérifiez votre impression auprès de la personne, en précisant qu'il s'agit de VOTRE impression. Un froncement des sourcils de votre baromètre sur le plan de la tâche vous donne l'impression qu'il n'a pas saisi votre idée ou votre instruction ? VOUS avez cette impression ! Vérifiez-la maintenant. « J'ai l'impression que je n'ai pas été tout à fait clair. Est-ce que je me trompe ? » Attendez la réponse avant de poursuivre ou de reprendre votre explication.

Vous avez semé un ou plusieurs participants ? Demandez-leur à quel moment vous les avez perdus. Cette précision vous évitera parfois de reprendre toute une explication alors que ce n'est que le dernier mot qui leur a échappé.

L'utilisation de la caméra vidéo, à l'occasion, s'avère très utile pour développer l'art de décoder le gestuel, la mimique et le langage non verbal.

LA PRATIQUE DU FEED-BACK

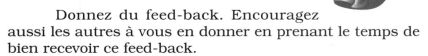

Chaque intervention est importante pour la personne qui la fait. Elle a le droit de savoir comment vous la considérez. Un simple acquiescement de la tête ou un merci informe l'interlocuteur qu'il n'a pas parlé dans le vide. (Refermez le tiroir !)

Donnez du feed-back. Encouragez aussi les autres à vous en donner en prenant le temps de bien recevoir ce feed-back.

À chaque étape, le participant aime savoir s'il comprend, s'il apporte sa contribution. Vous pouvez utiliser les coéquipiers pour vous aider à valider ses interventions, mais sachez qu'il a souvent besoin de l'avis du maître.

- « Merci Pierre, je trouve que ton intervention ajoute des précisions. »
- « Merci Jeanne de me rappeler à l'ordre. »

Demandez du feed-back pour stimuler la synergie du groupe.

- « Paul, que pensez-vous de cette proposition ? »
- « Hélène, vous ne semblez pas d'accord avec la suggestion de Jacques ? »
- « Jean, est-ce bien ce que vous voulez dire ? »
- « Claire, êtes-vous à l'aise avec cette décision ? »

La pratique du feed-back est la clé de la synergie d'un groupe de travail.

LE RENFORCEMENT POSITIF

Essentiellement, le renforcement positif consiste à s'intéresser à la personne, à ce qu'elle dit, à ce qu'elle fait, puis à valoriser les résultats de son travail. Encouragez. Soyez constructif. Mettez en évidence le succès… même minime. Sachez traiter les difficultés comme des occasions de renforcement.

Identifiez ce que la personne réussit et encouragez-la à poursuivre en mettant en valeur sa contribution et son pouvoir d'influence.

Trouvez le bon côté des erreurs. « Nous sommes là pour apprendre.»

Ne vous prenez pas au sérieux, il n'y a pas de véritables échecs, sauf les succès en devenir qui s'ignorent !

Donnez beaucoup de renforcement, honnête et authentique. Sachez faire la part du bon et du moins bon. Le négatif, traité avec une approche constructive, accroît votre crédibilité.

Utilisez l'humour dès le début de votre séance de travail. Il vous aidera à traverser les moments plus difficiles, plus tendus.

L'ACTION ET LE SENS PRATIQUE

Tous les échanges et toutes les discussions du groupe doivent contribuer à produire un résultat, un produit concret. La performance d'une réunion s'évalue à partir de la qualité des résultats : clarté du diagnostic, pertinence des options, justesse des choix.

Toute l'efficacité de l'animation repose sur ce sens pratique qui permet au groupe de gérer adéquatement l'ordre du jour dans le temps prévu.

Évitez les discussions théoriques qui ne débouchent pas sur l'action. Ramenez le débat sur le travail à accomplir. On apprécie l'animateur qui se fait un devoir de ramener le propos aux choix à faire et aux actions à entreprendre.

LE CHOIX DE LA RÉALITÉ

Portez votre attention, et attirez constamment celle du groupe, sur la réalité, non pas sur ce qui serait souhaitable, mais sur ce qui se passe.

Dans ce même esprit de réalité, privilégiez une approche intuitive qui laisse émerger les messages essentiels. Aidez le participant à comprendre d'abord ce qui se passe, ensuite ce qu'il veut faire et comment il entend s'y prendre. À trop vouloir que les choses soient parfaites du premier coup, on risque de cacher le message essentiel. Mieux vaut le vrai que le beau !

Partagez avec le groupe l'humilité de ne pas tout savoir et ce courage de tout essayer.

Illustrez vos propos et vos concepts d'anecdotes vivantes, tirées de votre expérience. N'hésitez pas à jouer les personnages de votre anecdote. L'essentiel est d'amener le participant à se projeter dans le vécu de vos personnages.

Certains animateurs privilégient la théorie au détriment de la pratique. La théorie constitue une façon efficace de paralyser la synergie en imposant le carcan d'une méthode soi-disant performante. Si le naturel revient au galop, soyez-en heureux.

Une équipe obéit aux mêmes lois biologiques de naissance, de croissance, de maturité que tout organisme vivant. Elle a son pouvoir intuitif, son sens de la créativité, son goût de la réussite. Elle compte des forces et des limites au palmarès de son potentiel.

L'animateur astucieux apprend à gérer le « naturel » de son groupe. C'est sa réalité... Le vécu demeure le seul vrai laboratoire du comportement humain.

LE DÉCROCHAGE MAINTIENT L'ATTENTION

La réalité humaine est ainsi faite : une personne ne peut maintenir sa concentration sur une longue période continue.

La faim, la soif, la digestion, l'immobilisme, l'inconfort, les préoccupations personnelles et bien d'autres facteurs portent au décrochage en cours de réunion. Chaque participant, à tour de rôle, connaîtra des moments de décrochage plus ou moins profonds et prolongés.

Le cœur est sans doute l'organe le plus « intelligent ». Il produit deux efforts suivis d'une pause : « Pom, pom...psssh ! »

L'animateur qui a du cœur va donc rythmer les efforts et les pauses. La pause ne signifie pas à tous les coups un arrêt momentané de la réunion. Il s'agit surtout de modifier périodiquement le rythme et la nature du travail, voire la disposition physique des participants. Par exemple, invitez un participant à venir au tableau pour expliciter son idée, crayon en main, puis accordez quelques minutes pour que chacun aille valider une idée ou son opinion auprès de son vis-à-vis. Blaguer ou susciter une blague qui fait diversion, se déplacer, bouger, faire des mouvements amples (théâtraux) si l'on anime debout, voilà autant de moyens qui, utilisés au moment opportun dans le fil de la discussion, permettent de déplacer l'attention, de susciter un décrochage momentané qui finalement maintient l'attention.

Vous avez sans doute eu l'occasion de travailler avec un animateur vivant qui périodiquement vous sortait une blague, une anecdote ou même une sottise venue de nulle part. C'est la stratégie de la « boîte à surprise ». L'animateur est tellement imprévisible qu'on maintient l'attention pour ne pas rater la prochaine sortie.

Il y avait un jour cet orateur qui, à la fin d'un long discours, s'excusait de ne pas avoir vu le temps passer, car sa montre était en réparation. Un auditeur lui lance alors : « D'accord, mais il y avait un calendrier derrière vous ! »

Bon ! Revenons à notre sujet.

DES OUTILS PERFORMANTS

Un groupe progresse plus facilement si chaque membre a sous les yeux un point de référence, une vision commune de la situation.

Plusieurs outils sont essentiels pour permettre au groupe de visualiser son mandat, suivre ses résultats et mettre à profit les contributions des membres.

Les transparents

Vous voulez présenter de l'information ? Préparez ou faites préparer au préalable une synthèse de votre présentation sur transparents.

Une image vaut mille mots ! La plupart des gens retiennent mieux une information s'ils peuvent visualiser l'information pendant qu'elle est commentée. Voici trois conseils pratiques.

1- Projetez une information claire, en caractères lisibles et aérés.

La tentation est forte d'inscrire tout le discours sur le transparent et ainsi le surcharger au point que les spectateurs consacrent leur énergie à rechercher eux-mêmes l'information essentielle à retenir.

Le dessin et la couleur aident à mettre en lumière les messages qui doivent être compris.

2- Livrez l'information dans l'ordre d'affichage. Rien n'est plus désagréable que quelqu'un qui projette un transparent en tenant un tout autre discours.

3- Gérez le synchronisme. Le transparent qui arrive à l'écran trop tôt ou trop tard distrait davantage qu'il n'éclaire. Avec l'entraînement, la manipulation du transparent pour appuyer ses propos devient une seconde nature où la fluidité nous fait oublier le support technique.

Tout aussi désagréable est la pratique de cacher une partie de l'information à l'aide d'une feuille de papier que l'animateur fait glisser au fur et à mesure. La simple manipulation de cette feuille dérange la concentration. Le spectateur dépense de l'énergie à deviner ce qui lui est caché et il perçoit cette manie comme un manque de confiance à son égard, puisqu'il préfère avoir le libre choix de recueillir l'information à son rythme. Bref, l'effet de surprise produit par cette technique se situe rarement au niveau recherché, soit le contenu à divulguer.

Même source d'ennui quand le transparent est projeté obliquement sur l'écran. Un exposé sur la qualité, où chaque transparent se retrouve dans un angle obligeant le spectateur à toutes sortes de gymnastiques, perd beaucoup de sa crédibilité.

Le transparent vierge, sur lequel on écrit, peut aussi être utilisé en guise de tableau pour afficher au fur et à mesure l'information recueillie dans le groupe. La condition de son utilité est d'avoir une écriture lisible puisque le but est de rendre accessible cette information.

Le carnet géant

Plus facile d'utilisation que le transparent pour la notation en cours de discussion, le carnet géant permet aussi aux participants de suivre l'évolution des travaux ou d'illustrer les propos. À la condition d'écrire lisiblement !

Inscrire au fur et à mesure les idées émises est une excellente technique pour concentrer l'attention des participants sur le même sujet. C'est faire travailler deux sens au lieu d'un seul, ce qui est particulièrement efficace pour les visuels. « Fais-moi un dessin. »

Le carnet géant permet aussi d'éviter les répétitions puisque l'interlocuteur peut rapidement vérifier si son idée est déjà enregistrée.

Enfin, cette technique fournit un feed-back constant sur l'état d'avancement du produit en cours de confection. Les participants ont nettement l'assurance de collaborer à un projet commun. Cela amène donc plus de cohérence et d'intégration dans le groupe.

L'art de la notation sur carnet géant, au-delà de la lisibilité de l'écriture, est d'arriver à formuler une intervention en quelques mots synthétiques sans pour autant modifier l'idée émise. Il est suggéré à cet égard, lorsqu'il n'est pas évident de trouver les mots à inscrire, de demander à l'interlocuteur une proposition de mots à inscrire au tableau.

Le tableau à la craie procure le même avantage de suivi que les précédentes techniques, sauf qu'il ne permet pas, après coup, une récupération de l'information autrement que par transcription.

Méfiez-vous de la tentation de parler en regardant le tableau ou l'écran. C'est toujours désagréable d'écouter un interlocuteur qui parle au mur plutôt qu'à soi.

La baguette télescopique ou le pointeur s'avère un outil pratique pour piloter l'attention de son auditoire, en autant qu'on ne frappe pas sur le tableau ou sur l'écran de projection. Faites-en l'essai, vous verrez l'effet !

Il est préférable de pointer la baguette directement sur le transparent, sans obstruer la vue, sinon le faire en direction de l'écran, en se plaçant bien de côté.

Vous affichez au mur les feuilles du carnet géant ? Pensez à trois choses :

1. Il est souvent difficile et pénible de détacher correctement une feuille du carnet. L'utilisation

d'un petit couteau à papier permet de le faire rapidement et proprement.

2. Le propriétaire de votre salle de réunion vous appréciera si vous employez du ruban-cache (en vente notamment dans le rayon de peinture) pour coller vos feuilles au mur. En récupérant vos travaux, vous ne partirez pas avec la peinture ou le papier peint.

3. Si l'espace le permet, affichez les feuilles côte à côte. Le groupe aura une meilleure vision du travail produit. La dispersion des feuilles aux quatre coins de la salle donne l'impression d'une « bien petite » performance.

Apprenez à maîtriser ces techniques. Répétez les gestes qu'elles nécessitent. Faites-en une seconde nature.

Quand vous serez à l'aise, lorsque le fil de la discussion ne sera pas dérangé ou interrompu par ces manipulations techniques, vos clients ne s'apercevront plus de l'application de ces techniques. Vous serez devenu un pro !

■ À nous de jouer : NOS TECHNIQUES PEUVENT FAIRE LA DIFFÉRENCE

Le point

Votre fonctionnement comme équipe fait appel à différentes techniques, certaines plus efficaces que d'autres.

L'objectif

Que le groupe ait une évaluation de l'efficacité des techniques utilisées dans les réunions.

L'activité

1. À l'aide de la grille de travail intitulée *Nos techniques peuvent faire la différence*, chaque membre de l'équipe donne son appréciation sur l'efficacité des techniques utilisées. Une technique efficace est celle qui aide le groupe à bien utiliser ses ressources dans l'accomplissement de son mandat.

2. Le groupe dégage la synthèse des perceptions individuelles et indique les forces et les points à consolider.

Les ressources

1. La grille de travail

2. Votre connaissance des membres

Nos techniques peuvent faire la différence

		NON UTILISÉ	UTILISÉ INEFFICACEMENT	UTILISÉ EFFICACEMENT
1.	LE CONTACT			
2.	LE CONTRAT			
3.	L'ORGANISATION			
4.	L'OBSERVATION			
5.	LE FEED-BACK			
6.	LE RENFORCEMENT POSITIF			
7.	L'ACTION ET LE SENS PRATIQUE			
8.	LE JEU DE LA RÉALITÉ			
9.	L'UTILISATION DU TRANSPARENT			
10.	L'UTILISATION DU CARNET GÉANT			

CHAPITRE 7

LES BLOCAGES SANS BLOQUER

L a neutralité chez l'animateur n'existe pas, pas plus que l'objectivité.

Mobiliser toutes les compétences disponibles dans une démarche simple et opérationnelle axée sur l'atteinte des résultats recherchés, afin que tout le monde partage la fierté de la performance, voilà le mandat de l'animateur.

La vie de groupe nous apporte un tel lot de surprises qu'il est quasi impossible de faire un inventaire exhaustif des situations difficiles éprouvées dans l'animation d'une équipe.

La difficulté d'un groupe de travail venant de la complexité du mandat ou des limites de l'échéancier se gère assez facilement. Par contre, les problèmes créés par les personnes nous confrontent souvent à nos propres limites.

Retenons quelques situations courantes pour illustrer une approche positive de gestion des conflits et convertir les difficultés en succès.

PERSONNALISEZ VOS CONTACTS

Vous demandez au groupe du feed-back pour orienter la suite de votre intervention et vous posez la question : « Est-ce que ça va ? »

Vous vous retrouvez alors devant une vingtaine de paires d'yeux, assorties d'autant de bouches ouvertes, qui vous regardent comme si vous étiez un fantôme.

Votre cinéma commence ! « M'ont-ils compris ? Suis-je intéressant ? Les ai-je tous perdus ? Où sont-ils ? »

Vous vous sentez les jambes sciées. Vous voudriez être ailleurs, très loin. Vous ne savez plus quoi penser, quoi faire. « Qu'est-ce que je fais ici ? »

Il y a de ces situations qui nous rappellent qu'un groupe ne répond pas. Seules des personnes répondent. Votre tort a été de poser la question au groupe. Adressez votre question à une personne en particulier : « Louise, ça va ? » Elle vous répondra, sauf si elle vous déteste profondément. Adressez-vous ensuite à une seconde personne et ainsi de suite jusqu'à ce que vous ayez obtenu ce que vous vouliez savoir. (Sans nécessairement avoir posé la question à tout le monde !)

INTÉRESSEZ-VOUS AU « VERBO-MOTEUR »

Le « verbo-moteur » est la personne qui prend toute la place, qui parle tout le temps, qui répond à la place des autres, qui pose même les questions à votre place. Souvent, elle se donne le mandat de représenter la masse silencieuse... en parlant !

Cette personne a besoin d'une reconnaissance officielle et formelle. Vous pourriez être tenté de l'ignorer pour qu'elle se décourage à poursuivre son discours. Or, cela produit strictement l'effet inverse : moins vous vous en préoccupez, plus elle vous occupe.

Voici quelques techniques pour gérer adroitement cette situation et vous faire un allié de cette personne.

Reformulez systématiquement ce qu'elle exprime. Notez sur le tableau, au besoin, l'essence de son intervention. Si cette technique n'est pas suffisante pour réduire son ardeur, il faut utiliser la suivante.

Reconnaissez ouvertement sa contribution et son utilité. La première qualité de cette personne est d'avoir beaucoup d'énergie ; ça en prend pour prendre la parole continuellement. Reconnaissez-lui cette énergie. Utilisez ses idées pour faire progresser le sujet : « Comme le soutient Paul, je pense qu'il faudrait envisager... »

Si elle continue à vouloir mener le bal, offrez-lui d'exposer son opinion et de faire avancer le travail. Si cette responsabilité ne la fait pas reculer, elle aura au moins un meilleur point de vue pour observer la réaction des participants.

Si cette technique ne suffit pas encore et que, par malheur, la position avancée par ce personnage de votre groupe est quelque peu hors du sujet, il faut avoir recours à la technique dite de « la pendaison ». Il s'agit de soumettre l'idée à l'opinion du reste du groupe : « Est-ce que quelqu'un d'autre est d'accord avec l'idée émise par Paul ? »

En bout de course, si tout cela n'a pas fonctionné, vous vous tournez résolument vers cette personne pour lui dire de la fermer, car elle VOUS dérange à titre d'animateur. Ne lui dites jamais qu'elle dérange tout le monde, c'est ce qu'elle recherche pour obtenir de l'attention.

VALORISEZ L'OBSTRUCTEUR

« Ça ne peut pas marcher ! »
« On l'a déjà essayé ! »
« On voit bien que vous ne connaissez pas la situation ! »
« Je vous aurai avertis... »
« C'est beau en théorie... »
« Cause toujours mon lapin ! »
« Ça se voit que vous n'êtes pas à ma place ! »

Autant d'arguments que l'obstructeur utilisera pour paralyser le progrès du groupe, de façon fine ou ouverte.

L'obstructeur mobilise son énergie et celle du groupe pour vous affronter ou affronter un rival. Souvent, il est le plus ancien et le détenteur de la plus longue expérience. Il fait état de son vécu, de son statut, de son rôle et de son pouvoir d'influence.

Un peu à l'image du « verbo-moteur », ce personnage recherche l'œil de la caméra. Il veut qu'on lui reconnaisse le poids de ses opinions et l'importance de son rôle dans la performance du groupe.

L'ignorer ou encore débattre avec force l'idée qu'il soutient est peine perdue, tant que vous ne lui aurez pas accordé officiellement le statut ou le rôle qu'il revendique. Lui reconnaître son ancienneté et son expérience ne coûte pas cher, d'autant plus que c'est la réalité, et cette reconnaissance peut vous faire économiser beaucoup de temps et d'énergie.

Agissez avec lui comme avec un vieux sage que l'on consulte ! S'il ne devient pas moins dérangeant, il y a de fortes chances qu'il reconnaisse votre leadership ou votre expertise et vous accorde « la permission » de poursuivre la discussion. Il apprécie votre intelligence dans la mesure où vous reconnaissez la sienne ! Il sait reconnaître l'expérience puisqu'il en a beaucoup !

PROVOQUEZ LE MAUVAIS JOUEUR

Le mauvais joueur ne joue pas le jeu avec ou comme les autres. C'est le mouton noir, le taciturne. Il ne comprend pas ce que les autres ont compris du premier coup. Avec lui, c'est toujours compliqué. « Ça dépend, faut voir, c'est pas évident, c'est ambigu » sont des expressions courantes dans son vocabulaire.

Le mauvais joueur est là par soumission au chef. Il faut alors l'aider à être là pour lui-même. « Y a-t-il des volontaires désignés ? Vous êtes un volontaire désigné ? Bien ! Vous maintenez ce choix ou pas ? »

Le mouton noir chronique sait qu'il est un mouton noir. Il sait qu'il dérange les esprits bien pensants, et c'est le rôle qu'il s'est donné. Il a cependant besoin de savoir si, malgré son style, il fait tout de même partie de l'équipe.

Un manager avait utilisé cette technique avec succès : « Je tiens à ce que tu sois ici parce que tu fais partie de l'équipe, mais je te respecte et je sais que tu n'as pas envie de contribuer à la discussion. Tu lis un livre, je ne te dérange pas, tu ne me déranges pas. »

Bien malin celui qui, au bout de quelques heures, ne se sera pas laissé prendre par la discussion et n'apportera pas lui aussi sa contribution à l'équipe.

FAITES PARTICIPER LE FIN CONNAISSEUR

Le fin connaisseur est souvent une personne effectivement brillante qui a besoin d'être mise en évidence.

Si vous essayez de la rejeter dans l'ombre, elle refera surface comme un ballon immergé dans l'eau. Son point fort est effectivement de savoir. Son point faible ? Faire.

Mettez-la en évidence, proposez-lui d'aller au tableau pour exposer son point de vue ou pour animer une séquence du travail. Bref, confiez-lui une tâche à accomplir devant tout le groupe. Si elle réussit bien, tant mieux, le groupe aura avancé ; si elle échoue, elle en retirera un peu de modestie.

Si elle ne voit pas, demandez au groupe de lui communiquer son feed-back sur sa performance. « Quelle est sa grande force ? Que pourrait-elle améliorer ? »

Comme on le voit, tous ces personnages ont des comportements dérangeants, voire exubérants, parce qu'ils sont à la recherche de la satisfaction d'un besoin qu'eux-mêmes ignorent souvent. Cette ignorance explique leur inaptitude dans leur quête de reconnaissance.

L'enjeu de l'animateur est de bien identifier le besoin latent qui s'exprime par cette voie et de lui donner satisfaction au plus vite avec le souci de se faire un allié.

« Que veut-il exactement ? De quoi a-t-il besoin ? » Voilà les questions clés.

RÉCUPÉREZ LES FORTS EN APARTÉ

L'aparté qu'entretiennent deux membres du groupe pendant que d'autres interviennent génère la confusion, l'indiscipline et le malaise. Un aparté à l'occasion est acceptable, mais devient énervant lorsqu'il perdure. Voyez-le comme un clignotant rouge qui vous avertit d'un manque d'intérêt quelque part. La meilleure technique pour redresser la situation est celle de l'humour. L'animateur s'arrête et s'excuse auprès des délinquants d'interrompre leur dialogue.

Si la situation perdure ou se multiplie, vous pouvez toujours leur raconter cette anecdote du politicien qui, un jour, se retrouve devant 400 personnes dans une salle qui ne pouvait contenir que 250 personnes assises. Il commence son discours, mais la foule debout à l'arrière poursuit ses conversations. Au bout d'un moment, l'orateur s'arrête et demande : « Est-ce que vous m'entendez bien derrière ? » Les gens s'écrient « OUI ! » Et le politicien rétorque : « C'est bien, moi aussi je vous entends bien. »

Si rien ne fonctionne, assoyez-vous ostensiblement et confortablement sur une chaise et attendez qu'on vous redonne la parole, sinon sortez, allez prendre un café, calmez vos nerfs et tâchez de répondre à cette question :

« Qu'est-ce que je fais qui ne répond pas à leurs attentes ? »

Vous voulez la réponse ? Demandez aux participants ce qui ne leur convient pas et explorez avec eux les ajustements à apporter. N'oubliez pas que le client a toujours raison d'avoir des besoins et des attentes particulières ! Certains praticiens prétendent qu'il n'y a pas de mauvais groupe. Il n'y a que des mauvais animateurs !

■ À nous de jouer :
GÉRER LES BLOCAGES SANS BLOQUER

Le point

Votre groupe se compose de différents personnages. Certains facilitent le travail d'équipe, d'autres le paralysent.

L'objectif

Que l'équipe ait une liste des comportements irritants et des solutions positives à proposer.

L'activité

1. À l'aide de la grille de travail intitulée *Gérer les blocages sans bloquer*, chaque participant identifie les comportements irritants qui se manifestent dans le groupe, sans nommer les personnages et propose le comportement positif qu'il faudrait renforcer.

2. Une synthèse est réalisée en groupe pour retenir les comportements positifs les plus importants à développer.

Les ressources

1. La grille de travail

2. Votre connaissance de chacun

Gérer les blocages sans bloquer

COMPORTEMENTS IRRITANTS	COMPORTEMENTS À ADOPTER

CHAPITRE 8

NOTRE

protocole

DE

FONCTIONNEMENT

'animation a ses exigences, mais la participation aussi. Nous l'avons mentionné précédemment, l'animateur, malgré ses belles techniques, ne peut rien si le groupe ne joue pas la partie.

Il est vrai que parfois le fait d'être assis de longues heures autour d'une table de discussion n'est pas très excitant. Il demeure qu'être un bon joueur d'équipe requiert de la discipline.

DES RÈGLES COMMUNES

Rappelons simplement quelques règles de conduite à respecter pour contribuer au travail d'équipe :

- **Être à l'heure**, non pas à la porte de la salle de réunion, mais assis à sa place ;
- **Écouter** et s'assurer d'avoir bien compris en vérifiant ou en reformulant avant de faire sa propre intervention ;
- **Faire signe à l'animateur et attendre son signal avant de prendre la parole**, c'est contribuer à l'aider à régler la circulation ;
- **Positionner son intervention par rapport à la précédente**, pour éviter d'ouvrir un nouveau tiroir avant que le précédent n'ait été refermé ;
- **Communiquer son opinion ou sa position au moment où on vous le demande**. Communiquer aussi à l'animateur que vous ne voulez rien ajouter sur le sujet. Cela lui évitera de vous attendre indûment, croyant que vous êtes en train de réfléchir ;
- **Donner du feed-back régulièrement à l'animateur et au groupe** ;

- **Éviter de déranger ses voisins** par des gestes ou des bruits répétés qui brisent leur concentration ;

- **Exprimer ses besoins au fur et à mesure** pour que le groupe puisse les considérer et ainsi éviter la frustration qui s'installe lorsqu'on accumule ;

- **Réagir positivement à une opinion différente de la vôtre émise par un collègue**. Ne prenez pas tout comme une attaque personnelle. Il vous arrive souvent d'émettre des opinions qui ne sont pas partagées par tous sans qu'on vous saute dessus pour autant. Une opinion divergente est aussi un point de vue que vous n'avez peut-être pas exploré ;

- **Partager la responsabilité du fonctionnement harmonieux sur les plans de la *tâche*, du *processus* et des *relations*** dans votre groupe. Ne laissez pas toute la responsabilité de votre performance entre les mains de l'animateur.

Chaque équipe, par sa pratique, développe ses propres règles de fonctionnement. Ces règles sont plus ou moins connues de tous. Chacun se sent d'autant moins enclin à les suivre si elles ne sont pas explicites et vérifiées régulièrement. Il convient donc de s'entendre sur ses règles de fonctionnement et aussi sur les modes d'évaluation et de révision périodique. L'ensemble des règles devient une sorte de protocole de fonctionnement.

DES RÈGLES PARTICULIÈRES

Chaque membre de l'équipe se fait naturellement le gardien d'une règle. C'est sa « règle d'or ».

Par exemple : Respect rigoureux de l'horaire convenu
Respect des engagements pris
Discipline dans la discussion
Enregistrement des étapes franchies

Autant de domaines où ses attentes personnelles s'affichent comme des préalables au bon fonctionnement du groupe.

Certaines équipes prennent le temps de clarifier leur protocole de fonctionnement en demandant à chaque membre d'écrire au tableau la « règle d'or » dont il veut bien se faire le promoteur.

On procède périodiquement à la mise à jour du protocole en évaluant le fonctionnement de l'équipe. Cette façon de faire donne de bons résultats !

Un observateur étranger s'étonnait un jour, en assistant à une réunion d'un comité de direction, de voir des collègues demander des renseignements sur un dossier qui ne les concernait pas, du moins en apparence.

Selon cet observateur, ce rôle revenait principalement au chef ou à quelques personnes directement concernées. Sauf que dans ce groupe, l'une des règles de fonctionnement se lisait comme suit :

« Tes affaires sont mes affaires, soit comme client, soit comme fournisseur. »

Chaque membre du groupe accordait donc aux autres la permission de venir voir dans son jardin. Tous avaient surmonté les stéréotypes tels que :

- « Ça ne te concerne pas ! »
- « C'est mon boulot ! »
- « Ça, c'est mon jardin ! »
- « Tu n'es pas mon patron ! »

Ce groupe de dirigeants avait atteint un haut niveau de maturité, chacun se sentant responsable du bon fonctionnement de l'ensemble.

Le travail d'équipe ne se résume pas à une collection d'experts réunis périodiquement. Dans une équipe, chaque membre est non seulement responsable de sa propre contribution, mais il partage avec les autres et avec l'animateur la coresponsabilité du succès de tout le groupe avant, pendant et après la réunion.

Pour jouer ensemble une même partie, les joueurs d'une équipe doivent clairement partager les mêmes règles du jeu.

■ À nous de jouer :
NOS RÈGLES DE FONCTIONNEMENT

Le point

La vie d'une équipe se régit à l'aide de règles connues de tous et s'entretient par des mises à jour périodiques.

L'objectif

Que l'équipe ait ses règles de fonctionnement et une entente sur le mode de révision périodique.

L'activité

1. Individuellement, chaque membre de l'équipe identifie et formule sa règle de fonctionnement la plus importante, celle qu'il voudrait que le groupe adopte.

2. L'animateur recueille et inscrit sur une grande feuille la règle proposée par chacun.

3. Les règles sont relues et approuvées ou rejetées par l'équipe. L'acceptation d'une règle signifie que chacun est prêt à la respecter. Le titulaire s'en fait le promoteur.

4. L'ensemble des règles retenues devient la charte de fonctionnement de l'équipe.

5. La personne qui a proposé une règle particulière est officiellement investie de la responsabilité de son respect dans l'équipe.

6. La date de l'évaluation et de la révision du fonctionnement de l'équipe est décidée sur-le-champ, de même que la façon dont on réalisera cette évaluation.

Les ressources

1. Les grilles de travail

2. Votre expérience du travail en équipe

Nos règles de fonctionnement

MA RÈGLE D'OR

NOS RÈGLES DE FONCTIONNEMENT	PROMOTEURS

Nos règles de fonctionnement

DATE DE L'ÉVALUATION

MÉCANISMES D'ÉVALUATION

CONCLUSION

DU *plaisir* EN RÉUNION

La gestion d'une réunion efficace tient fondamentalement à quelques règles simples :

1. Savoir qui on est comme groupe ;
2. Partager collectivement le mandat ;
3. Préparer la réunion : ordre du jour, salle, convocation, etc. ;
4. Utiliser des méthodes et des outils efficaces ;
5. Animer la synergie des contributions ;
6. Suivre les résultats et pratiquer le renforcement positif ;
7. Cerner ce qui ne fonctionne pas et trouver une solution ;
8. Gérer les blocages sans bloquer ;
9. Développer le sens de la responsabilité des résultats ;
10. Éliminer toute réunion inefficace.

Une réunion efficace permet de faire à plusieurs ce que l'on ne peut faire seul, en misant sur la contribution de chacun des membres du groupe.

Le travail en groupe n'élimine pas le travail individuel. Au contraire, il facilite la synergie des talents, des compétences et des expériences.

Participer à une réunion qui ne produit aucun résultat, c'est se prêter au travail fantôme et se condamner soi-même à se déguiser en fantôme.

La performance d'un groupe de travail s'apparente à celle d'un voilier qui sait garder le cap sur sa destination et arriver à bon port malgré les tempêtes. C'est possible lorsque le skipper connaît son métier et que l'équipage joue le jeu avec des instruments éprouvés.

Encore faut-il que le bateau soit adapté à la mission qu'on lui désigne.

GÉRER LA MAINTENANCE

La qualité et la performance d'un groupe réuni pour accomplir un mandat ne relèvent pas de la magie ! C'est le fruit d'un effort systématique, intelligent et humain.

Un groupe de travail est un outil de travail puissant. À l'instar de n'importe quel outil :

- il doit être bien conçu ;
- il nécessite qu'on apprenne à le maîtriser ;
- à l'usage, il peut s'user, se dérégler ; il doit être entretenu.

Le maintien de l'efficacité d'un groupe de travail suppose que l'on consacre périodiquement du temps pour évaluer le fonctionnement : mandat, animation, techniques, contribution des membres, etc.

Cette évaluation met en lumière les forces de l'équipe, ce qui incite et encourage la continuité. Elle permet également de déceler les éléments à ajuster ou à consolider. Votre groupe de travail consacre-t-il du temps à sa propre maintenance ?

À l'aide des éléments de ce volume et à partir de votre expérience, nous vous recommandons de vous constituer une liste de vérifications de la performance de votre équipe.

Pour chacun des points à évaluer, accordez une note de 1 à 10 pour représenter votre appréciation.

Soulignez les points forts ! Félicitez-vous ! Identifiez les points à consolider. Précisez l'action nécessaire pour retrouver le niveau de performance souhaité.

Ensemble, redécouvrez le plaisir de la réunion !

BIBLIOGRAPHIE

Berne, Éric, *Des jeux et des hommes*, Édition Stock, Paris, 1975.

Combes, Jean-Emmanuel et autres, *10 conseils pour animer une réunion*, Édition Publi-Union, Paris, 1989.

Côté, Abravanel et Jacques Bélanger, *Individu, groupe et organisation*, Gaëtan Morin Éditeur, Chicoutimi, 1986.

Côté, Nicole, *La Personne dans le monde du travail*, Gaëtan Morin Éditeur, Boucherville, 1991.

Gagné, Rémy, Langevin, Jean-Louis et autres, *À chacun sa propre entreprise performante au sein de l'entreprise*, Édition Publi-Union, Paris, 1988.

Genders, Patrick et Gabilliet, Philippe, *Petit manuel d'auto-management*, Éditions PGC, Bruxelles, 1993.

Harris, Thomas Anthony, *D'accord avec soi-même et avec les autres*, Nouvelle Édition canadienne, Montréal, 1980.

Houel, Alain, *Comment faire face aux gens difficiles*, Éditions Godefroy, 1990.

Maccio, Charles, Des réunions efficaces, *Chronique sociale*, Lyon, juin 1986.